伝説の家政婦

家政婦

沸騰ワード10 レシピ

タサン志麻
TASSIN SHIMA

3

ワニブックス

はじめに

　初めて『沸騰ワード10』に出演してから今年で6年になりました。正直こんなに続くとは思っていませんでしたが、今では、町を歩いているといろいろな方に声をかけてもらうようになりました。皆さんから料理の反応を直に聞けることは励みになりますし、番組での経験によって私自身の料理の幅も広がったと思います。これまで敷居が高いと思われていたフランス料理のイメージが、番組を通して少し変わったような気がすることも、とてもうれしいです。

　毎回、芸能人の皆さんのリクエストに合わせて、現場でメニューを考えるのは容易なことではありません。でもその大変さと同時に、目の前にある食材を組み合わせて何を作るか考えることは、楽しい瞬間です。

　番組では「3時間」という制限があり、手間をかけずに美味しい料理を作らなくてはいけません。これは皆さんの日々の食事作りと似通った部分があるのではないでしょうか。毎日の献立に悩む方は多いと聞きます。でも、普段の料理は「簡単でいい」と思うのです。フランスの家庭料理も、調味料は塩だけで焼くだけ、煮るだけ、茹でるだけなど、素材の味を活かしたシンプルなものばかり。失敗してもかまわないので、料理の音を聞き、香りを嗅いで、素材の声に耳を傾ければ、レシピを見なくても料理が自然と身についていくと思います。

　ここ数年の社会の状況により食卓を取り巻く環境も変化しましたが、美味しい料理を前にすればみんな笑顔になることだけは変わりません。料理を作ることで相手が喜んでくれるというのは、何よりも幸せな時間です。番組を通して、料理の楽しさを知っていただくお手伝いができればうれしいです。

タサン志麻

CONTENTS

Part.2 奈緒さん リクエスト

2021/9/24 OA

きのこやさつまいもなど旬の食材を使って
食欲の秋に満腹になれる料理を教えてほしい

Part.3 バナナマン リクエスト 2021/11/5 OA

大好きなイカやお米を使った料理と
志麻さんが作る本気のフレンチを食べてみたい

COLUMN 5分で完成! 志麻さんのスピード前菜

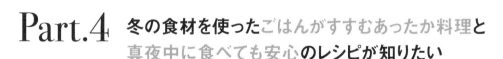

Part.4 冬の食材を使ったごはんがすすむあったか料理と
真夜中に食べても安心のレシピが知りたい

2022/1/7 OA

Part.5 スタミナがつくネバネバ料理や春の旬の食材を使って女子でもガッツリ食べられる料理を教えて

2022/4/8 OA

Part.6 サバンナ 高橋茂雄さん リクエスト

2022/6/10 OA

別荘で友人たちにふるまう料理と暑い夏を乗り切る食欲倍増スタミナ料理を教えて

COLUMN 　**志麻さん式 キャンプ料理!**

Part.7 夏の食材やそうめん、ラーメンを使った麺料理、激うま簡単アレンジ料理が知りたい

(2022/08/19 OA)

COLUMN　すぐ真似できる!　志麻さんの本格スイーツ

本書の利用法

● 材料に示した分量は、計量カップは 1 カップ＝ 200㎖、計量スプーン大さじ1 ＝ 15㎖です。
　ひとつまみは小さじ¼ です。

● 電子レンジの加熱時間は出力 600W を基準にしています。
　500W の場合は加熱時間を約 1.2 倍に、700W の場合は約 0.8 倍にしてください。

● 電子レンジ、オーブン、オーブントースターなどの加熱時間は目安です。
　機種や食材の状況によって、差が出ることがありますので、様子を見ながら加熱してください。

● こしょうは粗挽き黒こしょうを使用しています。

● だしパックは塩が含まれているものを使用しています。

スタジオレギュラー陣から
志麻さんにリクエスト

いつもはスタジオで見てるだけ、一部のみしか試食できないレギュラー陣に
リクエストのチャンス到来！　ここぞとばかりにそれぞれの大好物を依頼しました。

バナマン
設楽統さん リクエスト

帆立

覚えておくと便利！
煮詰めるだけで作れる
濃厚クリーミーソース

帆立のソテー

材料（2人分）
帆立貝柱（刺身用）…大6個
長ねぎ…1本
生クリーム（乳脂肪分42%）…100㎖
塩・こしょう…各適量
サラダ油…適量

作り方

① 帆立はキッチンペーパーで水分をしっかり拭き取ったら、片面に塩・こしょうをする。
→水分が残っているまま焼くと硬くなり、うま味が逃げ出してしまう。解凍した帆立を使う場合はペーパーが濡れなくなるまで替えること

② 長ねぎ（青い部分も使用）は斜め薄切りにする。フライパンにサラダ油を入れ、長ねぎと塩ひとつまみを入れしんなりとするまで弱火で炒める。
→じっくりと炒めてねぎの甘味を引き出す

③ ②に生クリームを入れ強火にし、ひと煮立ちしたら塩・こしょうで味を調える。

④ 別のフライパンにサラダ油を強火で熱し、①の帆立を入れ両面に焼き色がつくまで動かさずに焼く。

⑤ 器に③のねぎソースを広げ、④の帆立を盛る。

帆立の甘みがもう舌にのせた瞬間に
ボワ〜って広がって、
ドバ〜って押し寄せる

帆立がぎっしり。タルタルソースでご馳走感がアップ

帆立のメンチカツ

材料（8個分）

帆立貝柱（刺身用）…400g
衣
- 小麦粉…適量
- 卵…1個
- パン粉…適量

タルタルソース
A
- ゆで卵（固茹で）…1個
- 玉ねぎ（みじん切り）…50g
- ピクルス（みじん切り）…1本分
- パセリ（みじん切り）…少々
- マヨネーズ…大さじ4
- レモン汁…¼個分

塩・こしょう…各適量
サラダ油…適量

ピクルスは梅干やケッパーで代用してもよい

ここが
志麻ワザ！

帆立を手でちぎることで繊維がほぐれ、つなぎの役割をしてくれる

側面を焼く場合はフライパンを斜めにして焼き色をつける

作り方

① タルタルソースを作る。Aのゆで卵の黄身は手でほぐし、白身はみじん切りにする。玉ねぎはサッと洗い、ザルに上げて水気を切る。

② ボウルに①とAの他の材料を入れて混ぜ合わせる。

③ 帆立はキッチンペーパーに挟んで水分をしっかり拭き取る。ボウルに手でちぎった帆立を入れ、塩・こしょうをする。軽く練り混ぜたら8等分にする。

④ ③を俵形に丸め、小麦粉、溶いた卵、パン粉の順に衣をまぶす。

⑤ フライパンに深さ0.5cmほどのサラダ油を入れ中火で熱し④を揚げ焼きにする。

⑥ 器に⑤を盛り、②のタルタルソースを添える。

バナナマン
日村勇紀さん **リクエスト**

しいたけ

うんめえ！ しいたけ噛んだら、
ジュワーって出てくる

きのこが旬の季節にこそ味わいたい！
シンプルイズベストな炊き込みご飯

しいたけご飯

材料（作りやすい分量）
しいたけ…8個
米…1合
だしパック…1袋
青ねぎ（小口切り）…2本分
塩…適量

作り方

① しいたけは石づきを取り、薄切りにして塩をふる。

② ボウルにしいたけとだしパックの中身を入れ混ぜ合わせる。

ここが
だ麻ワザ！

だしパックのうま味をしいたけに吸わせ先に下味をつける

③ 炊飯器にといだ米と1合の目盛りまで水を入れ、②をのせて炊く。

④ 器に盛り、青ねぎを散らす。

タルト型がなくても大丈夫。しいたけのうま味が口の中でジュワッ

しいたけパイ

材料（作りやすい分量）

しいたけ…16個
とろけるチーズ…50g
にんにく（みじん切り）…1片分
パセリ（みじん切り）…大さじ1
冷凍パイシート（20×19cm）…1枚
サラダ油…大さじ1
塩・こしょう…各適量

先に塩をすると水分が
出てベチャッとするた
め、焼き色をつけてか
ら塩をしっかりふる

左手の親指と人さし指
をパイシートの外側に添
え、2本の指の間に右
手の人さし指を内側から
押し込むようにして、波
模様をつけていく

作り方

① パイシートは使用する前に室温に戻し解凍する。しいたけは石づきを取り、十字に4等分に切る。

② フライパンにサラダ油を強火で熱し、しいたけの断面を下にして入れる。全面に焼き目がつくまでじっくり焼き、しっかりめに塩・こしょうをする。

③ にんにくとパセリを加えサッと炒めたら火を止め、チーズを入れて軽く混ぜる。

④ 天板にオーブンシートを敷き①のパイシートをのせる。パイシートの端を内側に1cmほど2回ずつ折り込み、縁を立てる。指で押しながら波模様をつける。

⑤ ③をのせ230度に予熱したオーブンで20分焼く。8等分に切り、器に盛る。

カレー

玉ねぎの甘さで極上の味に。
ハンバーグやトンカツなどを
トッピングしても◎

玉ねぎカレー

あっ、うま〜い…
あま〜い…

材料（作りやすい分量）

玉ねぎ…1個

牛ステーキ用肉（サーロイン）…200g

カレールウ…2〜3片
　（水400mℓに対する規定量）

塩・こしょう…各適量

サラダ油…適量

作り方

① 玉ねぎは皮を剥かずにアルミホイル
で包み、200度に予熱したオーブンで
1時間焼く。粗熱が取れたら皮を剥き、
くし切りにする。

ここが
志麻ワザ！

じっくり焼くことで
玉ねぎの甘味が増す

② 牛肉は室温に戻し両面に塩・こしょう
をする。フライパンにサラダ油を強火
で熱し、牛肉を入れ片面1分ずつ焼き、
アルミホイルに包んで10分ほど休ま
せる。

→焼くときはフライ返しなどで表面を押さえ、肉に
均一に火を通す

③ 鍋に水400mℓ（分量外）と①の玉ねぎ
を入れ中火にかけ5分ほど煮る。火を
止めてカレールウを入れ溶かしたら、
再び中火にかけ少し煮詰める。

④ 器に温かいご飯（分量外）を盛り、③を
かけ②のステーキをカットしてのせる。

サーモン

チーズクリームみたいなのが
ジュワーって出てきます

女性に人気の組み合わせ。やみつきになる美味しさです

サーモンのアボカドチーズソース

材料（作りやすい分量）

サーモン（刺身用サク）…150g
アボカド…1個
とろけるチーズ…50g
パン粉…適量
クレソン…適量（あれば）
レモン（くし切り）…⅙個分
塩・こしょう…各適量
サラダ油…適量

ここが
名人ワザ！

潰したアボカドとチーズを混ぜることで、小麦粉や卵がなくてもパン粉がつく

作り方

① サーモンはキッチンペーパーで水気を拭き取る。1cm角に切り、しっかりめに塩・こしょうをする。アボカドも1cm角に切る。

② ボウルにとろけるチーズと①を入れアボカドが少し潰れるくらいまで混ぜる。

③ 6等分に丸め、パン粉を全体にまぶす。

④ フライパンに深さ0.5cmほどのサラダ油を入れ弱火で熱し、③を揚げ焼きにする。

⑤ 器に盛り、クレソンとレモンを添える。

13

カズレーザーさんリクエスト
オムライス

子供も大人も大好きメニュー！
卵を簡単に巻く方法を志麻さんが伝授

オムライス

材料（1人分）

ベーコン…2枚（30g）

ピーマン…1個

玉ねぎ…¼個

卵…2〜3個

温かいご飯

　…茶碗1杯分（180g）

ケチャップ…大さじ1

サラダ油…適量

塩・こしょう…各適量

強火で素早く炒めることでケチャップの酸味を飛ばし、パラッとした仕上がりになる

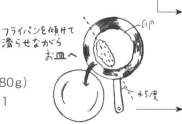

フライパンを傾けて滑らせながらお皿へ

45度

ライスを斜めにのせることで、ライスの重みで滑って皿にのせやすくなる

作り方

① ベーコンとピーマンは1cm角に切り、玉ねぎはみじん切りにする。

② フライパンにサラダ油を入れ、玉ねぎと塩ひとつまみを入れ透き通るまで弱火でじっくり炒める。

③ ベーコンとピーマンの順に入れ、さっと炒める。

④ ご飯を入れ塩・こしょうをする。ケチャップを入れたら強火でサッと炒め合わせる。

⑤ 別のフライパンにサラダ油を強火で熱し、溶いた卵を流し入れる。10秒ほどさっとかき混ぜ半熟状になったら火を止める。

⑥ ④のケチャップライスを⑤のフライパンの取っ手に対して斜め45度にのせる。フライパンを傾けて滑らせなから、器に盛る。手で形を整える。

⑦ 仕上げにケチャップでメッセージを書く。

オムキッシュ

これ先に知ってたら、
オムライスってこうなってたと思います

材料（2人分）

ベーコン…4枚（60g）
ピーマン…1個
玉ねぎ…¼個
卵液
A ┌ 溶き卵…3個分
　└ 牛乳…150㎖
ケチャップライス
　┌ 温かいご飯…茶碗2杯分
B │ ケチャップ…大さじ3
　└ 塩・こしょう…各適量
とろけるチーズ…70〜100g
サラダ油…適量

作り方

① ボウルにAを入れ混ぜ合わせる。別のボウルにBを入れ混ぜ合わせケチャップライスを作る。

② ベーコンとピーマンは細切りに、玉ねぎは薄切りにする。

③ フライパンにサラダ油を引き、玉ねぎと塩ひとつまみを入れ、しんなりするまで弱火でじっくり炒める。ベーコンとピーマンの順に入れさっと炒める。

④ グラタン皿に①のケチャップライスを入れ、上に③をのせる。

⑤ ①の卵液を流し入れ、ケチャップ（分量外）を上にかけとろけるチーズをのせる。

⑥ 200度に予熱したオーブンで30分焼く。

朝日奈央さん **リクエスト**

梅干し

岩田絵里奈アナウンサー **リクエスト**

© 日本テレビ

＋ とろろ

これはすごい！
うわ〜好き！ 美味しい！（朝日さん）

とろろ効果で豚肉がしっとりやわらかに
梅干しの酸味がポイント

豚しゃぶ 梅とろろ

材料（作りやすい分量）
豚もも肉（しゃぶしゃぶ用）…200g
山芋…150g
梅干し（南高梅）…4個
しょうゆ…小さじ½
青ねぎ…3本

作り方

① 鍋に湯を沸かし沸騰したら火を止める。豚肉を1枚ずつ広げながら入れる。

ここが
志麻ワザ！

> 沸騰した湯に肉を入れると肉が締まって硬くなるので、必ず火を止めること

② 肉の色が変わったら（約30秒）すぐ取り出し、ザルに上げて冷ます

③ 山芋はすりおろす。梅干しは種を取り、果肉を細かく叩く。

④ ボウルに③としょうゆを入れ混ぜ合わせる。

⑤ ④に②の豚肉、5mm幅に切った青ねぎを入れ和える。

Part.2

奈緒さん

リクエスト

きのこやさつまいもなど
旬の食材を使って
食欲の秋に満腹になれる
料理を教えてほしい

REQUEST FROM NAO

定番のお刺身やハンバーグも志麻さん流にアレンジ。
見た目にもびっくりする驚きのカレー2種類も教えていただきました。

さらに広がりました、
私の中のカレーの世界が

フレンチの家庭料理がカレーに変身
トマトを崩してご飯と混ぜて召し上がれ

トマトファルシカレー

材料 (作りやすい分量)

合びき肉…300g
トマト…大4個
玉ねぎ (粗みじん切り)…½個分
カレールウ…3個 (75g)

温かいご飯…茶碗3杯分
タイム…1枝
ローリエ…1枚
オリーブ油…適量

作り方

水分の多いトマト → の場合は中身を半量に減らす

① トマトはヘタをつけたままフタになる上の部分を切り落とし、中身をスプーンでくり抜く。

② 耐熱容器に①のトマトの果肉と玉ねぎ、カレールウを入れ、ラップをして電子レンジに3分かける。

③ カレールウが溶けたらボウルに移し粗熱を取る。ひき肉を加えて混ぜ合わせる。

④ ①のトマトに③を詰め、トマトのフタをのせる。

⑤ グラタン皿にご飯を入れ④をのせ、オリーブ油を回しかける。

⑥ タイムとローリエをのせ200度に予熱したオーブンで30分焼く。

ここが志麻ワザ！

ご飯の土にのせて焼くことで肉やトマトのうま味をご飯が吸って、より美味しくなる

ご飯とのバランスが絶妙

すごい不思議。
説明できない!

インドでは手間がかかるハレの日のご馳走。志麻さん流に手軽にアレンジ

ビリヤニ

材料 (作りやすい分量)

鶏もも肉…1枚

玉ねぎ…½個

A { おろしにんにく…1片分
    おろししょうが…1片分

カットトマト缶…1缶 (400g)

カレー粉…大さじ1と½

米…1.5合

はちみつ…大さじ2

紫玉ねぎ (薄切り) …¼個分

パクチー…適量

オリーブ油…適量

塩・こしょう…適量

ここで味見して味を決める

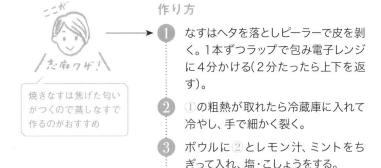

ここが　志麻ワザ！

本来は粘りのないバスマティライスやタイ米を使うので、日本の米を使う場合は半茹でにするとよい。サラッとした食感になる

味に変化をつけるため混ぜすぎないこと、わざとムラになるように適当に混ぜる

作り方

① 鶏肉はキッチンペーパーで水気を拭き取りひと口大に切る。塩・こしょうをし、Aを揉み込み30分ほどおく。

② 玉ねぎは薄切りにする。フライパンにオリーブ油大さじ1を中火で熱し、あめ色になるまで7〜8分ほど炒める。

③ ①の鶏肉を入れ、カットトマト、水100㎖ (分量外)、カレー粉を入れ、フタをして弱火で15分ほど煮る。

④ 鍋にたっぷりの湯を沸かし、米を入れ6分茹でたらザルに上げる。

⑤ 水分が飛んだら塩・こしょう (分量外) で味を調える。はちみつを入れ⅓量になるまで煮詰める。

⑥ 半茹でにした④の米を加えフタをして弱火で5分ほど炊く。火を止め5分ほど蒸らし、全体をざっくりと混ぜる。

⑦ 器に盛り、紫玉ねぎとパクチーをのせる。

なすとヨーグルトの黄金の組み合わせ。レモンとミントの爽やかさをプラス

なすのヨーグルトサラダ

材料 (作りやすい分量)

なす…3本 (300g)

プレーンヨーグルト…80g

レモン汁…¼個分

ミント…適量

塩・こしょう…適量

ここが　志麻ワザ！

焼きなすは焦げた匂いがつくので蒸しなすで作るのがおすすめ

作り方

① なすはヘタを落としピーラーで皮を剥く。1本ずつラップで包み電子レンジに4分かける (2分たったら上下を返す)。

② ①の粗熱が取れたら冷蔵庫に入れて冷やし、手で細かく裂く。

③ ボウルに②とレモン汁、ミントをちぎって入れ、塩・こしょうをする。

④ ヨーグルトを加えて混ぜ合わせる。

⑤ ④を器に盛り、ミントを飾る。

このソースが
めちゃくちゃ美味しい!

にんにくと玉ねぎの甘味を最大限に引き出した絶品ソース

豚ロースのにんにく玉ねぎソース

材料（2人分）

豚ロース肉（とんかつ用）…2枚（300ｇ）
玉ねぎ…½個
にんにく…1〜1と½玉（約6〜12片）
白ワイン…50㎖
タイム…適量
塩・こしょう…適量
オリーブ油…大さじ1

煮込む前に弱火でじっ
くり炒めることで甘み
が増して美味しくなる

作り方

① 玉ねぎはザク切りにする。にんにくは半分に切り、芽を取る。

② フライパンにオリーブ油を弱火で熱し、①と塩ひとつまみを入れ玉ねぎがしんなりするまで炒める。

③ 水400㎖（分量外）を入れ水分がなくなり、にんにくがやわらかくなるまで25分ほど煮込む。ピューレ状になるまでミキサーにかけてソースを作る。

④ 豚肉はキッチンペーパーで水気を拭き取り、しっかりめに塩（肉の重量の0.8％）・こしょうをする。フライパンにオリーブ油を中火で熱し、豚肉を入れフライ返しなどで肉を押さえながら2分ほど焼いたら裏返し、同様に片面も焼く。

⑤ フライパンに残った肉汁は煮詰め、白ワインとハーブを加えフタをして3分ほど弱火で蒸し焼きにする。

⑥ 器に③の玉ねぎソースを広げ、⑤の豚肉をのせる。残った⑤の肉汁をかけタイムを飾る。

千切りになってるので
ちょっと食感が残ってるんですよ

表面はカリッ、中はしっとりやわらか。大学芋風パンケーキ

さつまいものガレット

材料（直径 20cm フライパン 1 台分）

さつまいも…200g
砂糖…大さじ2
バター…20g

千切りにすることで食
感が残る。水にさらし
てアクをしっかり取る

やわらかいのでヘラで
押して形を整えながら
焼く

キャラメル状にして焼
き固めることで、表面
はカリッと中はふっく
らとした食感になる

作り方

① さつまいもは皮つきのままスライサーで千切りに
する。水にさらし、ザルに上げて水気を切る。

② 耐熱容器に①を入れラップをかけて電子レンジ
に2分かける。

③ フライパンにバター10gを入れ中火で熱し、砂糖
大さじ1を均等に入れる。バターが溶け出したら、
②のさつまいもを入れ弱火で5分ほど焼く

④ 縁がキャラメル色になったら上に砂糖大さじ1を
ふる。平たい皿やフタを使って裏返し、フライパン
にバター10gを入れ片面も5分ほど焼く。

え？　何これ！
めちゃくちゃ美味しい！

口に入れた瞬間、
美味しかったです

ベーコンの脂がまさかのドレッシングに。
食材を同じ大きさに切るのもポイント

リンゴとセロリのベーコンドレッシング

材料 (作りやすい分量)
ベーコン (塊)…150g
リンゴ…½個
セロリ…½本
リンゴ酢…大さじ1
こしょう…適量
オリーブ油…大さじ2

ここが
志麻ワザ！

ベーコンから出た脂と酢
でドレッシングを作る

作り方

① リンゴは皮付きのまま、セロリはピーラーで筋を取りそれぞれ1cm角に切る。ベーコンも同じ大きさに切る。

② フライパンにオリーブ油を強火で熱し、ベーコンがカリッとするまで炒め、こしょうをする。

③ 火を止めたらリンゴ酢を入れ、フライパンを揺らしながら乳化させる。

④ 器に①のリンゴとセロリ、②のベーコンを盛り、③のドレッシングをかける。

覚えておきたいフレンチの基本のソース
いつものカレイがレストランの味に

カレイのムニエル 焦がしバターソース

材料 (2人分)
カレイ (切り身)…2切れ
バター…80〜100g
ケッパー (酢漬け)…大さじ2
レモン汁…½個分
パセリ (みじん切り)…適量
小麦粉…適量
塩・こしょう…各適量
サラダ油…大さじ3〜4

多めの油で焼くことで
カリッと仕上がる

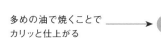

最初は泡が出て音がするが、バターの水分が蒸発したら音が消えて茶色になる。この工程では焦げが進みやすいので手早く行う

作り方

① カレイはキッチンペーパーで水気を拭き取る。両面に塩・こしょうをし、小麦粉を薄くまぶす。

② フライパンにサラダ油を中火で熱し、①のカレイを皮目から入れ5分焼く。焼き色がついたら裏返し、油をスプーンでかけながら揚げ焼きにする。

③ カレイを取り出し、フライパンに残った脂はキッチンペーパーで拭き取る。

④ ③にバターを入れ中火で熱し、バターが焦げ始めたらケッパー、レモン汁、パセリを加え、火を止めて混ぜる。

⑤ 器にカレイを盛り、④のソースをかける。

これ食べると
いい子になれる気がする

フランスのフランドル地方の郷土料理。
じっくり炒めた長ねぎの甘さが魅力

フラミッシュ

材料 (作りやすい分量)

長ねぎ…1と½本
卵…1個
生クリーム (乳脂肪分42%) …50㎖
とろけるチーズ…100g
冷凍パイシート (20×19㎝)
　…1枚
塩・こしょう…適量
サラダ油…大さじ1

ここが
志麻ワザ!

煮込む前に弱火でじっくり炒めることで甘みが増して美味しくなる

作り方

① パイシートは使用する前に室温に戻し解凍する。

② 長ねぎ(やわらかい青い部分も使用) は斜め薄切りにする。

③ フライパンにサラダ油を引き、長ねぎ、塩ふたつまみを入れ15分ほど弱火でじっくり炒める。長ねぎがしんなりしたら火を止めて粗熱を取る。

④ 卵、生クリームを入れて混ぜ合わせ、塩・こしょうで味を調える。

⑤ 天板にオーブンシートを敷き①のパイシートをのせる。パイシートの端を内側に1㎝ほど2回ずつ折り込み、縁を立てる。指で押しながら波模様をつけタルト型にする(P11写真参照)。

⑥ ⑤に④をのせ、その上にとろけるチーズをのせ、200度に予熱したオーブンで20分焼く。

お刺身がおしゃれフレンチに。
じゃがいもで満足度もアップ

イワシのマリネ

材料（作りやすい分量）

イワシ（刺身用半身）
　…8枚（4尾分）
玉ねぎ…小⅓個
にんじん（細めのもの）…½本
じゃがいも（メークイン）…2個
米酢…適量
ハーブ
A ｜ タイム…適量
　｜ ローリエ…適量
塩・こしょう…各適量
オリーブ油
　…大さじ3〜4（たっぷりと）

> 大人のポテトサラダって
> 感じがします

作り方

① イワシはキッチンペーパーで水気を拭き取る。しっかりめに塩・こしょうをして冷蔵庫で1時間ほど寝かせる。

② ボウルに米酢を入れ、①のイワシを1枚ずつ入れて洗う。

③ 玉ねぎとにんじんはスライサーで輪切りにする。

④ じゃがいもは皮ごとラップに包み電子レンジに8分かける（4分たったら上下を返す）。皮を剥き2cm幅の輪切りにする。

⑤ 器に②のイワシを並べ、③の野菜とAのハーブをのせる。

⑥ オリーブ油を回しかけ、じゃがいもを添える。

ここが
志麻ワザ！

塩をふって寝かせることでイワシの臭みを取る。ねっちりとした食感になる

酢で洗うことで魚をシメる効果があり、酸味を効かせることができる。水で洗うとうま味が逃げる

ハーブが余ったらどうする？

キッチンペーパーを水がしたたるほどよく濡らし、軽く搾ってハーブを包み、ラップをします。2日おきに取り替えると約1週間保存OK。卵焼きやサラダに加えたり、肉や魚のマリネに使うのも◎

具材を巻いた変わりすき焼き。
卵黄をつけて召し上がれ

ひと口すき焼き

材料（作りやすい分量）

牛肩ロース肉（すき焼き用）
　…5枚（約250ｇ）
厚揚げ（木綿）…½枚（80ｇ）
長ねぎ…15cm
しいたけ…2個
春菊（葉）…50ｇ

卵黄…3個分
A｛
酒…大さじ2
しょうゆ…大さじ2
みりん…大さじ2
砂糖…大さじ1
｝
サラダ油…適量

作り方

① 厚揚げは、横半分に切り1cm幅の棒状に切る。

② 長ねぎは縦半分に切り5cm幅に切る。しいたけは石づきを取り1cm幅に切る。春菊は5cmの長さに切る。

③ 牛肉を広げ、厚揚げと②の野菜を巻く。同様に4枚巻く。

④ フライパンにサラダ油を中火で熱し、巻き終わりを下にして③を入れる。転がしながら焼き、表面に焼き色をつける。

⑤ Aを入れフタをし、弱火にして3分ほど蒸し焼きにする。フタを取り、たれを煮詰めて肉に絡める。

⑥ ⑤を3等分に切り器に盛る。フライパンに残ったたれを全体に回しかける。卵黄をからめていただく。

美味しい……

ボリューム満点の定番おかず。
ビールともご飯とも相性抜群

なすの豚キムチ詰め

材料（3人分）

豚バラ肉…100ｇ
なす…3本（300ｇ）
白菜キムチ…200ｇ

青ねぎ（小口切り）…適量
ごま油…大さじ1

作り方

① なすは底から縦に十字に切り込みを入れる。2時間ほど3％の塩水に浸け、ザルに上げて水気を切る。
　→塩水に浸けることで、
　　アク抜きとなすをやわらかくする効果がある

② 豚肉とキムチは細かく刻み、ボウルに入れて混ぜ合わせる。

③ なすの切れ目に②を詰める。

④ 耐熱皿に③をのせ、ごま油を回しかける。ふんわりとラップをして電子レンジに8分かける。
　→レンジで蒸すことでジューシーに仕上がる、なすが硬い場合はさらに2分かける

⑤ 器に盛り、青ねぎを散らす。

なすがあることで
さっぱりしますね

Part.3

バナナマン

リクエスト

大好きなイカやお米を使った料理と志麻さんが作る本気のフレンチを食べてみたい

REQUEST FROM BANANAMAN

番組で作った料理を全て見ているバナナマンならではのリクエスト、
本格的なフランス料理やお店顔負けのラーメン。他にも旬の食材を使った料理がずらり。

いろんな凝縮したうま味が
噛めば噛むほど……

アッシパルマンティエ

材料（作りやすい分量）

牛肩ロース肉（塊）…600g
トマト…2個
くず野菜
　長ねぎ（青い部分）…1本分
　セロリ（葉）…2本分
　にんじん（皮、ヘタ）…1本分
　皮つきにんにく…2片

マッシュポテト
　じゃがいも（メークイン）
　　…4個（600g）
　バター…30g
　牛乳…100㎖
コンソメ（固形）…1個
とろけるチーズ…100g
塩・こしょう…適量
サラダ油…適量

作り方

① 牛肉は3cm幅に切り、両面に塩・こしょうをする。

② フライパンにサラダ油を強火で熱し、牛肉を入れ3分ほど焼いたら裏返し片面を1分ほど焼く。火を止めキッチンペーパーでフライパンに残った余分な脂を拭き取る。

③ ②のフライパンにくず野菜と横半分に切ったヘタ付きのトマト、水800㎖（分量外）を加え中火で熱しひと煮立ちしたらアクを取る。

ここが
志麻ワザ！

普段は簡単にひき肉で作るが、塊肉とくず野菜を煮込むことでデミグラスソースが同時に作れる

④ コンソメを入れ、フタをして弱火で1時間ほど煮込む。牛肉を取り出し、粗熱が取れたら手でほぐす。

⑤ フライパンに残ったくず野菜をザルに入れ、スプーンの背でエキスを搾り出す（④のフライパンに）。中火で熱し、大さじ4くらいの量まで煮詰めたら、ほぐした肉と合わせる。

⑥ マッシュポテトを作る。じゃがいは2cm幅に切る。鍋にたっぷりの水（分量外）とじゃがいもを入れ中火で熱し、やわらかくなるまでしっかり茹で（約40分）、ザルに上げ水気を切る。

めんどうでなければ、木べらなどで滑らかになるまで潰してもよい

⑦ 鍋にじゃがいもを戻し、中火で熱し水分をしっかり飛ばす。ザルに入れスプーンの背で押しながら濾す。

⑧ 鍋に⑦とバターを弱火で熱し、牛乳を入れ混ぜ合わせる。

⑨ 耐熱皿に⑤を入れて⑧のマッシュポテトをのせ、チーズを全体に散らす。

オーブントースターなどでもOK

⑩ 250℃に予熱したオーブンで焼き色がつくまで20分ほど焼く。

冷めても美味しい！
爽やかな甘さのクリーミーなソース

ベーコン巻きの
オレンジソース

材料（作りやすい分量）

ベーコン…14枚
パセリ（みじん切り）…大さじ3
温かいご飯…ご飯2杯分（360g）
生クリーム（乳脂肪分42%）…150㎖
オレンジ果汁…½個分
オレンジ（皮）…適量
塩・こしょう…適量
オリーブ油…大さじ1

作り方

① ボウルに温かいご飯とパセリを入れ混ぜ合わせる。7等分にし、丸くにぎる。

② 1個ずつベーコン2枚が十字に交差するように巻く。同様に6個作る。

③ フライパンにオリーブ油を中火で熱し、②を入れ両面に焼き目をつけ（片面約5分、裏返して1分焼く）半分に切る。
　→しっかり焼かないとベーコンが剥がれてしまうので焦げ目がつくまでは触らないこと

④ 別のフライパンに生クリームを強火で熱し、⅓量になるまで煮詰める。オレンジ果汁を入れ、塩ひとつまみとこしょうで味を調える。

⑤ 器に④のソースを広げ、半分に切った③を並べる。上にオレンジの皮のすりおろしを散らす。

 オレンジの風味
すんごいうまい！

志麻さんの本気、やばい!

フォワグラのテリーヌ風。生のレバーから作った本場の味

レバーパテ

材料（作りやすい分量）

鶏レバー…200g
卵…1個
生クリーム（乳脂肪分42%）
　…50㎖
赤ワイン…大さじ1
フランスパン…適量
塩・こしょう…適量

作り方

牛乳でレバーの臭みを取る　→

1. レバーは牛乳100㎖（分量外）に浸し、1時間ほど冷蔵庫に入れる。ザルに上げキッチンペーパーでしっかり水気を拭き取る。レバーの筋や血管を取り除く。

2. ①と塩小さじ1（分量外）、こしょうをミキサーにかけピューレ状にする。

3. 卵、生クリーム、赤ワインを加えミキサーに1分ほどかける。ザルで漉し、耐熱容器に移しアルミホイルをかぶせる。

湯煎の方がやわらかく火が入る　→

4. 天板に湯を張り、180度に予熱したオーブンで15～20分焼く。氷水で冷やし粗熱が取れたらラップをかけ冷蔵庫で冷やす。表面の色が変わっている部分はスプーンで取り除く。

5. ④を器に盛り、こしょうをたっぷりふる。トーストして食べやすい大きさに切ったフランスパンを添える。

オーブンで火を通したパテは、表面の色が変わっている部分をスプーンでこそげ取る

ウインナーってこんなに
うまかったっけ?!

クリーミーな泡が魅力のソース。いつものウインナーがご馳走に

温野菜とウインナーのオランデーズソース

材料（作りやすい分量）

ウインナー…6本
好みの野菜
　ブロッコリー…6房
　カリフラワー…6房
　かぶ…1個
　いんげん…10本
　ごぼう…1本
卵黄…1個分
バター…80g
レモン汁…¼個分
塩・こしょう…適量

ここが

志麻ワザ！

> 分離しないように気
> をつける。温度が高
> いと黄身が固まり、
> 低いととろみがつか
> ないので気をつけて

作り方

1. ブロッコリーとカリフラワーは小房に分ける。かぶは6等分のくし切りに、いんげんはスジを取り半分に切る。ごぼうは縦半分に切り6cm幅に切る。バターは湯煎にかけ溶かしバターにする。

2. 鍋に湯を沸かし、①のごぼうを入れ7分たったら他の野菜を入れ2分茹でる。ウインナーを加え2分茹でる。

3. オランデーズソースを作る。ボウルに卵黄、塩・こしょう、水大さじ1（分量外）を入れ湯煎にかけ泡立てる。

4. ③がぽってりしてきたら、溶かしバターを少しずつ加え泡が消えないように混ぜ、仕上げにレモン汁を加える。

5. 器に②を盛り、オランデーズソースを添える。

ニラのソースの甘みが、
噛んでると鶏のうま味と加速してくる

見た目は色鮮やかなフレンチ。食べると優しい味の和のソース

チキンソテーのニラソース

材料（2人分）

鶏もも肉…1枚（約350g）
ニラ…1束
玉ねぎ…¼個
塩・こしょう…適量
オリーブ油…大さじ2

ここが
志麻ワザ！

皮目を焼く際に、肉の
上に皿を乗せ、上に水
を入れた鍋をのせ重し
にして焼くと、皮が縮
まず、パリッと仕上が
る

作り方

1. 鶏肉はキッチンペーパーで水気を拭き取る。ひと口大に切り、両面にしっかりめに塩（肉の重量の0.8%）・こしょうする。

2. フライパンにオリーブ油大さじ1を引き、鶏肉を皮目から入れ弱火で肉の色が白っぽくなるまで約8分焼き、裏返して2分焼く。

3. ニラソースを作る。玉ねぎは薄切りにする。ニラは4cm幅に切る。

4. フライパンにオリーブ油大さじ1を入れ、玉ねぎと塩ひとつまみを入れ透き通るまで弱火でじっくり炒め、ニラを入れたらサッと炒める。

5. 水100mℓ（分量外）を入れ2分ほど煮たら、ミキサーにかけ、塩・こしょうで味を調える。

6. 器に⑤のニラソースを広げ、②の鶏肉を盛り、オリーブ油（分量外）を回しかける。

ほくほくのかぼちゃとシャキシャキのにんじん、
クリーミーなチーズの食感も楽しい

かぼちゃのにんじんソース

材料（作りやすい分量）

かぼちゃ…⅙個（250g）
にんじん…1本
モッツァレラチーズ
　…½個（50g）

A ┃ おろしにんにく…½片分
　┃ 粉チーズ…大さじ1
　┃ レモン汁…¼個分
　┃ オリーブ油…大さじ3
パセリ（みじん切り）…適量

作り方

① かぼちゃは包丁で皮をところどころ削ぎ、ひと口大に切る。耐熱皿に並べ電子レンジに4分かける。

② にんじんはスライサーで千切りにする。ボウルに入れ塩小さじ¼（分量外）を入れ、塩揉みをする。5分ほどおいたら両手でしっかりと水気を搾る。

③ ②にAを加えよく混ぜ合わせる。

④ 器に①のかぼちゃを盛り、③を広げてのせる。上にちぎったモッツァレラチーズとパセリを散らす。

志麻さんクオリティ。
めちゃくちゃうまい（設楽さん）

時折バナナの甘みがふわっとくるから、
このアクセントが超いい！（日村さん）

魚介にヨーグルトの酸味がぴったり。
バナナの優しい甘さも魅力です

帆立とイカの
バナナヨーグルトサラダ

材料（作りやすい分量）

帆立貝柱（刺身用）
　…小6個（約100g）
スルメイカ…1杯
レタス…¼個
きゅうり…½本
貝割れ大根…⅓パック
バナナ…1本

A ┃ プレーンヨーグルト
　┃ 　…100g
　┃ レモン汁…½個分
　┃ 塩・こしょう…適量
オリーブ油…大さじ2

作り方

① イカは内臓を取り除き、2cm幅の輪切りにする。イカと帆立は水気をキッチンペーパーで拭き取り、しっかりめに塩・こしょう（分量外）をする。

② フライパンにオリーブ油を熱し、①を入れ焼き色がつくまで3分ほど焼いたら裏返し、片面を1分焼く。

③ ボウルにちぎったバナナとAを入れ混ぜ合わせる。

④ レタスはひと口大にちぎる。きゅうりは縦半分に切り斜め薄切りにする。貝割れ大根は根元を切り半分に切る。

⑤ 器に④を盛り、②のイカと帆立をのせ③のソースをかける。

人気ラーメン店になっちゃう

休日に作ってみたい絶品ラーメン。
スープは前日に作るのがおすすめ

しょうゆラーメン

材料（3人分）

豚バラ肉（塊）…700g

中華麺（ちぢれ麺）…3玉

香味野菜

A
- 長ねぎ（青い部分）…2本分
- しょうが（薄切り）…4枚
- 皮付きにんにく…1片
- セロリ（葉）…1本分

だしパック…4袋

鶏がらスープの素（顆粒）…大さじ1

しょうゆだれ

B
- しょうゆ…100㎖
- みりん…大さじ2
- 水…200㎖

ねぎ油

C
- 長ねぎ（みじん切り）…¼本分
- にんにく（みじん切り）…1片分
- サラダ油…50㎖

トッピング

D
- 長ねぎ（小口切り）…¼本分
- 青ねぎ（小口切り）…2本分

作り方

① 鍋に水4ℓ（分量外）と半分に切った豚肉を入れ中火で熱し、沸騰したらアクを取る。

② Aの香味野菜、だしパック、鶏がらスープの素を鍋に入れ弱火で2時間ほど煮込む。そのまま粗熱が取れたら、豚肉を取り出す。残った鍋の中身はザルで濾す（スープ）。

③ 小鍋にBのしょうゆと水を入れ中火で熱し、2分したらみりんを入れる。②の豚肉を入れ4分ほど煮たら裏返し4分煮る（しょうゆだれ）。

④ 豚肉は取り出し3㎝の厚さに切る（チャーシュー）。

⑤ 中華麺は袋の表示時間通りに茹で湯切りする。

⑥ 器に②のスープ200㎖と③のしょうゆだれ大さじ2を入れる（1人分のスープ）。

⑦ フライパンにCを入れ弱火で熱し、ねぎ油を作る。

⑧ ⑥に⑤の麺を入れ、チャーシューを盛り、Dのトッピングを上にのせる。あつあつのねぎ油をかけアンチョビオイル（作り方は下を参照）を添える。

> 肉を熱いまま取り出すとパサつきやすいので、スープの中で粗熱を取る

＼ ラーメンの味変に！ ／

アンチョビオイル

材料（作りやすい分量）

アンチョビ…15g

オリーブ油…大さじ1

作り方

① アンチョビは5分ほど水に浸けて塩抜きし、みじん切りにする。

② フライパンにオリーブ油と①を弱火で熱し、スプーンで混ぜながら水分を飛ばす。

すっごく爽やか！

たった5分でできる簡単おかず。
豆腐ドレッシングで風味も爽やか

イカとニラの酒蒸し 豆腐レモンドレッシング

材料（作りやすい分量）

ヤリイカ…4杯（約300g）

ニラ…2束

絹ごし豆腐…⅓丁（100g）

酒…大さじ2

レモン汁…½個分

塩・こしょう…適量

オリーブ油…大さじ2

作り方

① イカは内臓を取り除き、胴は1cmの輪切りに、ゲソは1cm幅に切る。水気をキッチンペーパーで拭き取る。

② ニラは4cm幅に切る。

③ フライパンの底にニラを敷き、上に①のイカをのせる。酒を回しかけフタをして弱火で熱し、3分ほど蒸し焼きにする。

④ ボウルに豆腐、レモン汁、塩・こしょう、オリーブ油を入れ、粗く潰しながら混ぜる。

⑤ 器に③を盛り、④の豆腐ドレッシングをかける。

牡蠣と里芋、味噌の相性抜群。
ボリュームたっぷりもうれしい

牡蠣の土手鍋風
炊き込みご飯

材料（作りやすい分量）

牡蠣…8個　　　　　厚揚げ…½枚（100g）
里芋…3個　　　　　味噌…大さじ1
長ねぎ…5㎝　　　　みりん…大さじ1
貝割れ大根…1パック　米…1合

作り方

① ボウルに水1ℓ、塩小さじ1（分量外）を入れ溶かし、片栗粉（分量外）をまぶした牡蠣を入れて軽く洗う。キッチンペーパーで水気をしっかり拭き取る。

② 厚揚げは2㎝×5㎜の棒状に切る。里芋は皮を剥きひと口大に切る。

③ 炊飯器にといだ米、1合の目盛りまで水を入れ、味噌とみりんを入れ溶かす。牡蠣、厚揚げ、里芋を加えて炊飯する。

④ 長ねぎは白髪ねぎにする。貝割れは根元を落とし、半分に切る。

⑤ ③を器に盛り、④をのせる。

激烈うめえ！（日村さん）

帆立の力がブワ〜、
入り込んでるね（日村さん）

昆布と帆立だけなのに味は本格派。
おこげもたまらない

塩昆布と帆立の
炊き込みご飯

材料（作りやすい分量）

帆立貝柱（刺身用）…大8個
塩昆布…20g
米…1合

作り方

① 帆立はキッチンペーパーで水気をしっかり拭き取る。

② 炊飯器にといだ米、1合の目盛りまで水を入れ、塩昆布と帆立をのせ炊飯する。

→うま味成分が強い食材はキレイに焦げ目がつく

志麻さんのスピード前菜

調理開始5分で食卓にのぼる志麻さんのスピード前菜。
冒頭から依頼者の皆さんの心をぐっと摑む、絶品の一皿が揃いました。

> めっちゃ美味しい!

Request from **奈緒**さん

バターと明太子が淡泊な大根によく合う

大根バターめんたい

材料 (作りやすい分量)
大根 (直径6cm)…3cm 　バター…30g
明太子…1腹

作り方

① 大根は皮を剝き3mm幅の輪切りにする。バターは5mm厚に切る。

② 明太子はバターの大きさに合わせて切る。

③ 器に大根を並べ、バター、明太子の順にのせる。

Request from **バナナマン**

余ったお刺身で作ってもOK。塩昆布とレモンが美味しさの決め手

帆立と鯛の塩昆布マリネ

> うま味やばっ!(設楽さん)

材料 (作りやすい分量)
帆立貝柱 (刺身用)　　貝割れ大根…1パック
　…大4個　　　　　　塩昆布…10g
真鯛 (刺身用サク)　　レモン汁…½個分
　…160g　　　　　　オリーブ油…適量
クレソン…3束

作り方

① 帆立はキッチンペーパーで水気を拭き取り、横3等分に切る。鯛は5mm厚の削ぎ切りにする。

② 貝割れは根元を切り半分に切る。クレソンも同じ長さに切る。

③ ボウルに①を入れ、レモン汁をかけ塩昆布とオリーブ油を入れて和える。
→塩昆布はうま味の塊で塩分もあるのでレモンを加えるだけでマリネ液が完成

④ 器に③をマリネ液ごと盛り、②を周りにのせる。

ねっとりした里芋とカリカリのナッツ味噌の食感が面白い

里芋のはちみつ味噌ナッツ

材料（2人分）

里芋…3個

ミックスナッツ…大さじ3

A ┤ 味噌…小さじ1
　　 はちみつ…大さじ1
　　 オリーブ油…大さじ1

パセリ（みじん切り）…適量

作り方

1. 里芋は皮に1周するように浅く切れ目を入れ、1個ずつラップで包み電子レンジに8分かける（4分たったら上下を返す）。皮を剥き縦半分に切る。

2. ボウルにAを入れ混ぜ合わせ、細かく刻んだミックスナッツを入れて和える。

3. 器に里芋を盛り、②をのせパセリを散らす。

アボカドの器もおしゃれ。チーズとにんにくでパンチを効かせた洋風納豆

アボカド納豆チーズ

材料（4人分）

アボカド…2個

納豆…2パック（80g）

A ┤ おろしにんにく…小さじ¼
　　 粉チーズ…大さじ3
　　 オリーブ油…大さじ4

作り方

1. ボウルに納豆、付属のたれ、Aを入れ混ぜ合わせる。

2. アボカドは半分に切る（置いたとき安定するように底を少し切る）。

3. くり抜いたタネの部分に①を入れる。果肉を崩しながら納豆と一緒にいただく。

スピード前菜のポイント

POINT ①　味つけいらずの食材を活用
塩昆布や明太子、生ハムなどうま味の強い食材を使えばそれ以外の味つけはいりません。

POINT ②　シンプル調理ですぐに完成
切って和えるだけ、火を使わずレンジ加熱など調理工程はシンプルに。缶詰も活用！薬味もポイントです。

POINT ②　うま味食材×さっぱり食材の方程式
明太子×大根、生ハム×大根などうま味×さっぱりを掛け合わせると味が決まる。
キムチやチーズもうま味食材の代表選手。

Request from
サバンナ
高橋茂雄さん

キウイの酸味と甘味がポイント。なるべく完熟を選んで

大根とキウイの生ハムサラダ

材料（作りやすい分量）

大根…⅛本（80g）　　こしょう…適量
生ハム…40g　　　　　オリーブ油…適量
ゴールデンキウイ…1個

作り方

① 大根はピーラーで5cmの長さのリボン状に削る。
キウイは皮を剝く。

② ボウルに①の大根と手でちぎった生ハム、手で潰したキウイを入れ混ぜる。

③ 器に盛りオリーブ油を回しかけ、こしょうをふる。

> めっちゃ美味しい！
> さっぱりしてます

ねぎオールスターズのスピード前菜。お酒のお供にも

青ねぎ・長ねぎ・玉ねぎのサバ缶ぽん酢

材料（2人分）

サバの水煮缶…⅓缶　　玉ねぎ…½個
青ねぎ…4本　　　　　ぽん酢…大さじ1
長ねぎ…¼本　　　　　七味唐辛子…適量

作り方

① 青ねぎは5mm幅の斜め切りに、長ねぎは3mm幅の輪切りに、玉ねぎは繊維を断ち切るように薄切りにする。

② ①を水でさっと洗い、ザルに上げて水気を切る。手でしっかりと搾って辛味を取る。

③ 器に②を広げて盛り、サバの身をほぐして（汁は使わない）上にのせる。ぽん酢と七味唐辛子をかけていただく。

Part.4

リクエスト

冬の食材を使った ごはんがすすむ あったか料理と 真夜中に食べても安心 のレシピが知りたい

旬のブリ、牛タンなどを使った新しい食べ方や、
夜食に食べたい罪悪感のないヘルシー料理を教えていただきました。

いつもの料理がグレードアップ
薬味大根とゆずで香りも風味も爽やか

ブリの照り焼き

材料（2人分）

ブリ（切り身）…2切れ

たれ

A
- 酒…大さじ2
- みりん…大さじ2
- 砂糖…大さじ1
- しょうゆ…大さじ2

薬味大根（お好みで調整してください）

B
- 大根おろし…⅛本（150g）
- 青ねぎ（小口切り）…2本
- 大葉（みじん切り）…2枚
- みょうが（みじん切り）…½個
- しょうが（みじん切り）…½片
- 柚子の皮（細切り）…適量

ゆず…½個

小麦粉…適量

塩…適量

サラダ油…大さじ1

作り方

① ブリはキッチンペーパーで水気を拭き取る。両面に塩をし、小麦粉を薄くまぶす。Aのたれは合わせておく。

② フライパンにサラダ油を強火で熱し、①を皮目から入れ中火で2分半ほど焼いたら裏返し、片面も1分ほど焼く。

③ Aのたれを入れブリにからめながら照り焼きにする。ブリを取り出し、フライパンに残ったたれを煮詰める。

④ Bの大根おろしは、ザルに上げて水気を切る。ボウルに入れBの他の材料と混ぜ合わせる。

⑤ 器にブリを盛り煮詰めたたれをかける。④の薬味大根をのせ上からゆずを搾る。

ここが
志麻ワザ！

強火で焼き色をつけると魚の水分が外に流れ出ないのでふっくらと仕上がる

納豆ソースがたまらない
牛タン入りつくねで食べ応えも十分

牛タン納豆つくね

材料（作りやすい分量）

牛タン（厚切り）…150g
鶏ひき肉…300g
納豆…2パック（80g）
卵…1個
パン粉…¼カップ

A
- 酒…大さじ3
- みりん…大さじ3
- 砂糖…大さじ1と½
- しょうゆ…大さじ3

青ねぎ（小口切り）…3本分
サラダ油…大さじ1

作り方

① 牛タンは1cm角に切り、片栗粉小さじ1（分量外）をまぶす。

② ボウルに納豆、納豆のたれ、Aを入れ混ぜ合わせ納豆ソースを作る。

③ ボウルに鶏ひき肉、卵、パン粉、塩ひとつまみ（分量外）を入れこねる。①の牛タンを加えて混ぜ合わせ8等分に丸める。

④ フライパンにサラダ油を中火で熱し、③を入れ両面を焼く。

⑤ フタをして弱火で8分ほど蒸し焼きにする。

⑥ ②の納豆ソースを全体にからめる。

⑦ 器に盛り、青ねぎを散らす。

牛タンしゃぶしゃぶと薬味大根で
爽やか & ヘルシーな一皿に

牛タンの薬味大根和え

材料（作りやすい分量）

牛タン（薄切り）…8枚（150ｇ）

薬味大根（お好みで調整してください）

A
- 大根おろし…⅙本（150ｇ）
- 大葉（みじん切り）…2枚
- 青ねぎ（小口切り）…2本
- みょうが（細切り）…½個
- しょうが（細切り）…½片
- 柚子の皮（細切り）…適量

ぽん酢…適量

七味唐辛子…適量

作り方

① Aの大根おろしはザルに上げて水気を切る。ボウルに入れAの他の材料と混ぜ合わせる。

② 鍋に湯を沸かし、牛タンを1分ほどサッと茹でひと口大に切る。

③ ボウルに①と②、ぽん酢を入れ混ぜ合わせる。器に盛り、ゆず果汁大さじ1（分量外）をかけ、七味唐辛子をふる。

牡蠣のダブル使いで深い味わいに。
ご飯もお酒もとまらない美味しさ

豆腐ステーキの牡蠣ソース

材料（2人分）

牡蠣（加熱用）…大10個
木綿豆腐…½丁（175g）
バター…20g
酒…大さじ1
オイスターソース…大さじ1
小麦粉…適量
パセリ（みじん切り）…適量
サラダ油…大さじ1

作り方

① 牡蠣は、ボウルに水1ℓ、塩小さじ1（分量外）を入れ溶かし、片栗粉（分量外）をまぶした牡蠣を入れて軽く洗う。キッチンペーパーで水気をしっかり拭き取る。

② ①を3等分に切り、軽く塩・こしょうし（分量外）小麦粉大さじ1（分量外）をまぶす。

③ 豆腐は横半分に切る。キッチンペーパーで水気を拭き取り、小麦粉をまぶす。

④ フライパンにサラダ油を中火で熱し、牡蠣と豆腐を入れ3分半ほど焼いたら裏返し、バターを入れ片面を1分焼く。

⑤ 豆腐を取り出し、酒と水50mℓ（分量外）、オイスターソースを入れ煮詰める。

⑥ 器に豆腐を盛り、⑤の牡蠣とソースをかけパセリを散らす。

鶏肉の骨と根菜で極上のだしに。
ぽん酢の風味を存分に楽しめます

ぽん酢鍋

材料（2人分）

鶏手羽先…8本
大根…⅓本
レンコン…250g
ごぼう…1本
長ねぎ…1本
ぽん酢…200㎖

沸き始めが一番アクが
出るので、沸騰させて
から火を弱めること。
1回でアクが取れる

ぽん酢の香りや酸味が
飛んでしまうので必ず
火を止めてから入れる
こと

作り方

1. 土鍋に水1.5ℓ（分量外）と鶏肉を入れ中火で熱
   し、沸騰したらアクを取り15分ほど煮る。

2. 大根は3㎝幅の半月切りに、レンコンは3㎝幅
   の輪切りに、ごぼうと長ねぎは5㎝幅に切る。

3. ①の土鍋に②の野菜を入れ、弱火で40分ほど
   煮込む。

4. 火を止め、ぽん酢を入れる。

ボリューム満点＆見た目も華やか。
持ち寄りパーティーにもおすすめ

クリームチーズと豚ヒレ肉のパイ包み

材料 (作りやすい分量)

豚ヒレ肉 (塊)…200g
しめじ…50g
しいたけ…2個
ブラウンマッシュルーム…2個
ちぢみほうれん草…50g
クリームチーズ…80g
冷凍パイシート (20×19cm)…2枚
溶き卵 (卵黄1個を水小さじ1でのばす)…適量
塩・こしょう…適量
オリーブ油…大さじ2

作り方

① ほうれん草は熱湯で1分ほど茹でザルに上げて水気を切る。水気をしっかり搾り4等分に切る。

② しいたけは石づきを取り半分に切ってから薄切りに、しめじは石づきを取り手でほぐす。ブラウンマッシュルームは2mm厚に切る。

③ フライパンにオリーブ油大さじ1を強火で熱し、②と塩ひとつまみを入れ、きのこの水分が飛ぶまで5分ほど炒める。

④ 豚肉はしっかりめに塩 (肉の重量の0.8%) とこしょうをする。別のフライパンにオリーブ油大さじ1を熱し、豚肉を入れ表面に焼き色をつける。

⑤ クッキングシートを敷き、解凍したパイシート1枚をのせ、上1cmに溶き卵を塗る。もう1枚のパイシートを溶き卵を塗った部分に重ねてつなげる。

⑥ 片方のパイシートの上にクリームチーズを塗り、ほうれん草、きのこ、豚肉の順にのせる。(位置は左イラスト参照)

⑦ ⑥を手前から巻きロールに包み (巻き寿司を巻く要領で) 巻き終わりの部分に溶き卵を塗り (下写真A参照) パイシートをカットして接着する (下写真B参照)。側面は折って閉じる (左イラスト参照)。余ったパイシートは6等分のリボン状に切る。

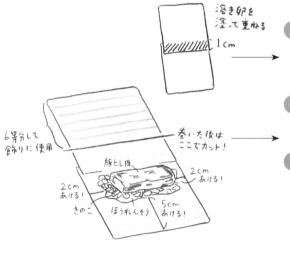

溶き卵を塗って重ねる 1cm

6等分して飾りに使用
巻いた後はここでカット！
豚ヒレ肉
2cm あける！
2cm あける！
5cm あける！
きのこ　ほうれんそう

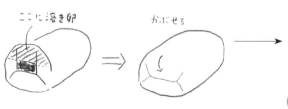

ここに溶き卵　かぶせる

A　B

⑧ ⑦の表面に溶き卵を塗る。リボン状に切ったパイシートで飾りつけ上に溶き卵を塗る。

⑨ 200度に予熱したオーブンで30分焼く。30分ほど休ませてから好みの大きさに切る。

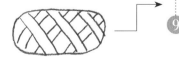

たった 10 分！で本格イタリアン。ワインのお供にぴったり

ブリのシチリア風

材料（作りやすい分量）

ブリ（切り身）…2切れ
じゃがいも（メークイン）…1個
ミニトマト…6個
黒オリーブ（種無し）…9粒
ケッパー（酢漬け）…大さじ1
にんにく…1片
白ワイン…50㎖
タイム…2枝
ローリエ…1枚
塩・こしょう…適量
オリーブ油…大さじ3

ここが
志麻ワザ！

オリーブ油と水が
乳化しソースにな
る。沸騰したら弱
火にする

作り方

① じゃがいもはラップで包み電子レンジに8分かける（4分たったら上下を返す）。皮を剥いてひと口大に切る。

② ブリはキッチンペーパーで水分を拭き取る。ひと口大に切り、しっかりめに塩・こしょうをする。にんにくは包丁の腹で半分に潰す。

③ フライパンにオリーブ油とにんにくを強火で熱し、ブリとじゃがいもを入れ1分半ずつ色がつくまで焼き、ミニトマト、黒オリーブ、ケッパーを入れる。

④ タイム、ローリエ、白ワイン、水50㎖（分量外）を加え、フタをして弱火で3分ほど蒸し焼きにする。

パン粉が主役の簡単フレンチ。素材ごとのうま味を楽しんで

しらす入りプロヴァンサル

材料 (作りやすい分量)

トマト…2個
しいたけ…4個
かぶ…2個
アボカド…1個

しらすパン粉

A {
パン粉…1カップ
しらす…25g
おろしにんにく…1片分
パセリ (みじん切り) …大さじ2
}

塩…適量
オリーブ油…大さじ5

パン粉にオリーブ油がしみ
るくらいたっぷり入れる

作り方

1 トマトは横半分に、かぶは2cm幅に切る。しいたけは石づきを取り、アボカドは縦半分に切る。

2 ボウルにAとオリーブ油を入れ、混ぜ合わせる。

3 天板にアルミホイルを敷き①を並べる。塩をふり②をこんもりとのせる。

4 200度に予熱したオーブンで15分焼く。

あっさりとして胃にも優しい。夜食にもおすすめ

ベトナム風 おじや

材料（作りやすい分量）

牛肩ロース肉
　（切り落とし）…100g
もやし…⅓袋
にんにく…1片
しょうが（薄切り）…2枚

A {
鶏がらスープの素
　（顆粒）…大さじ1
ナンプラー…大さじ2
砂糖…小さじ1
}

温かいご飯…茶碗1杯分
レモン（くし切り）…適量
パクチー…適量

作り方

① にんにくは包丁の腹で半分に潰す。ご飯は水で洗いヌメリを取る。

② 鍋に水600mℓ（分量外）とにんにく、しょうがを入れ中火にかける。ひと煮立ちしたらAを入れる。

③ 牛肉ともやしを入れ、サッと湯通ししたらすぐ取り出す（にんにくとしょうがもここで取り除く）。

④ ③のスープに、①のご飯を入れ温める。

⑤ 器に④を盛り③をのせる。パクチーとレモンを添える。

見た目もインパクト大。休日のおしゃれなブランチに

春菊とトーストのサラダ

材料（2人分）

春菊（葉）…100g
カマンベールチーズ…1個（100g）
食パン（6枚切り）…1枚
ドレッシング

A {
リンゴ酢…小さじ1
塩・こしょう…適量
オリーブ油…小さじ3
}

作り方

① 春菊の葉は4cm幅に切り、水にさらしザルに上げて水気を切る。カマンベールチーズは4等分に切る。

② ボウルにAを入れ混ぜドレッシングを作り、春菊を入れて和える。

③ 食パンは4等分に切り、オーブントースターに入れ3分焼く。

④ カマンベールチーズを③の上にのせ、オーブントースターでチーズが溶けるまで2分ほど焼く。

⑤ 器に②の春菊を盛り④のトーストをのせ、オリーブ油（分量外）を上に回しかける。

サーモンのミキュイ
ホタルイカの…
トマトとイ…
スペアリブ…
なすのギリ…
グリーンア…
ウッフ・ブ…
ねぎと鮭の…
鶏肉のカレ…
ふきのヴィ…
ささみのも…

Part.5

リクエスト

タミナがつく
バネバ料理や
Jの食材を使って
子でもガッツリ
食べられる料理を教えて

納豆、もずく、オクラなどネバネバ系から春野菜たっぷりのヘルシーごはん、
家庭でできるフレンチの技も教えていただきました。

半生を意味するフランス料理の調理法。
とろけるような絶品サーモン

サーモンのミキュイ

材料（2人分）

サーモン（刺身用サク）…250g
芽キャベツ…4個
そら豆…9粒
いんげん…7本
新玉ねぎ…¼個
バター…20g

バター液
A { 卵…1個
小麦粉…大さじ3
水…大さじ1 }
パン粉…大さじ2
塩・こしょう…各適量
オリーブ油…大さじ2

作り方

① 芽キャベツは縦半分に切る。いんげんはスジを取り半分に切る。新玉ねぎは繊維を断ち切るように薄切りする。

② 鍋に湯を沸かし、芽キャベツ、そら豆（茹でたら皮を剥く）、いんげんの順に入れ4分ほど茹でる。茹で汁を大さじ3取っておく。

茹で汁とバターが混ざって白っぽくなったら乳化の目安 → ③ 鍋に②の茹で汁、バター、②の野菜を入れ強火にかける。新玉ねぎと塩ひとつまみを入れてさっと煮て、ソースが乳化したら火を止める。

④ サーモンはキッチンペーパーで水気を拭き取る。4cm幅に切り、両面にしっかりめに塩・こしょうをする。

⑤ 合わせておいたAのバター液をサーモンにからめ、パン粉をまぶす。

⑥ フライパンにオリーブ油を強めの中火で熱し、⑤を入れる。焼き色がついたらすぐに裏返し片面も焼く。

⑦ 器に③の野菜を盛り、半分に切った⑥をのせる。

ここが
左麻ワザ！ →

衣の色が変わったらひっくり返すことで、サーモンを半生の状態に仕上げることができる

春らしい鮮やかな緑色のソースが食欲をそそる

ホタルイカのアスパラソース

材料（作りやすい分量）

ホタルイカ（茹で）…80g（下処理済み）
グリーンアスパラガス…太4本
じゃがいも（メークイン）…1個
粉チーズ…適量
塩・こしょう…適量
オリーブ油…大さじ2

作り方

① グリーンアスパラガスは根元を落とし、ピーラーでハカマを取り3㎝幅に切る。じゃがいもは1×5㎝の拍子木切りにする。

② 鍋に水（分量外）とじゃがいもを入れて弱火で熱し、6分ほど煮たらアスパラガスを入れ3分ほど煮る。トッピング用に少量取り分け、茹で汁50㎖を取っておく。

③ ホタルイカをザルに上げ、②の茹で汁をかけてあたためる。

④ ②と塩ひとつまみ、茹で汁少々をミキサーにかけソースを作る。

⑤ 器に④のソースを広げ、ホタルイカを盛り、②で取り分けておいたトッピングをのせる。オリーブ油を回しかけ、粉チーズとこしょうをふる。

まるでデザートみたいな冷製スープ。イチゴの甘さがアクセント

トマトとイチゴのガスパチョ

材料（作りやすい分量）

トマト（完熟）…2個
イチゴ…9粒
トッピング用
　　┌ マスカルポーネチーズ…50g
A ┤ イチゴ…3粒
　　└ ミント…適量
塩…小さじ½
オリーブ油…大さじ1
こしょう…適量

刃先で
十字を書くように
切れ目を入れる

作り方

1. トマトの底に十字に切れ目を入れて湯剥きをする。イチゴ9粒はヘタを取る。トッピング用のイチゴ3粒はヘタを取り縦4等分に切る。

2. ザク切りにしたトマトとイチゴ、塩ひとつまみをミキサーにかけピューレ状にし、冷蔵庫で冷やす。

3. 器に 2 を盛り、マスカルポーネチーズとトッピング用のいちごをのせる。

4. ミントを飾りオリーブ油を回しかけ、こしょうをふる。

はちみつ効果で肉がやわらか。
甘塩っぱい味にご飯がすすむ

スペアリブの
タイ風煮込み

材料（作りやすい分量）

豚スペアリブ…6本（600g）
玉ねぎ…¼個
パクチー…20g
パクチー（根）…2本分
にんにく…1片
A｛ 酒…大さじ2
　　はちみつ…大さじ2
　　オイスターソース…大さじ2
　　ナンプラー…大さじ2
塩・こしょう…適量
サラダ油…大さじ1

作り方

① スペアリブはキッチンペーパーで水気を拭き取り、両面に塩・こしょうをする。

　→焼く30分ほど前に肉を常温に戻し焼きムラを防ぐ

② フライパンにサラダ油を中火で熱し、①を入れ焼き色がついたら裏返し、片面も同様に焼く。余分な脂はキッチンペーパーで拭き取る。

③ 包丁の腹で潰したにんにくとパクチーの根を②に入れる。Aと水300mℓ（分量外）を加えひと煮立ちしたらフタをして弱火で30〜40分ほど煮込む。

④ パクチーは3cm幅に切り、玉ねぎは繊維を断ち切るように薄切りにする。

⑤ 煮汁に照りが出てきたら肉全体に絡め、パクチーの根っこは取り出す。

⑥ 器に⑤を盛り、残った煮汁をかけ、④をのせる。

なすが主役のギリシャ料理、
ムサカを簡単アレンジ

なすのギリシャ風煮込み

材料（作りやすい分量）

豚ひき肉…400g

なす…4本（400g）

玉ねぎ（みじん切り）…½個分

スパイス

A ┌ コリアンダーパウダー…小さじ2
　└ クミンパウダー…小さじ2

コンソメ（固形）…1個

ホールトマト缶…1缶（400g）

生クリーム（乳脂肪分42%）…大さじ1

にんにく（みじん切り）…1片分

タイム…3枝

ローリエ…1枚

ミント…適量

塩・こしょう…適量

オリーブ油…大さじ2

ここが
志麻ワザ！

生クリームの代わりにサ
ワークリームや水切り
ヨーグルトでもOK

作り方

① なすは皮をピーラーで縞模様に剥く。

② フライパンにオリーブ油大さじ1を引き、
にんにく、玉ねぎ、塩ひとつまみを入れ中
火で炒める。玉ねぎがしんなりとしたらひ
き肉を入れ白っぽくなるまで炒める。

③ ②にAのスパイス、ホールトマト、水100㎖
（分量外）、コンソメを入れる。

④ ひと煮立ちしたら塩・こしょうで味を調え
る。耐熱容器に移し（オーブン調理可能な
フライパンの場合はそのまま）、①のなす、
タイム、ローリエを入れ、オリーブ油を大
さじ1を回しかける。

⑤ 200度に予熱したオーブンで30分焼く。

⑥ 器に盛り、生クリームをかける。ミントを散
らし、オリーブ油（分量外）を回しかける。

とろとろの卵がソースに。
春野菜の時期は菜の花でどうぞ

グリーンアスパラガスのウッフ・ブルイエ

材料 (作りやすい分量)

グリーンアスパラガス…4本
卵…1個
生クリーム (乳脂肪42%)…50㎖
粉チーズ…適量
塩・こしょう…適量

作り方

① グリーンアスパラガスは根元を落とし、ピーラーでハカマを取り3等分に切る。塩を入れたたっぷりの熱湯で2分ほど茹で、ザルに上げる。

② ボウルに卵と生クリームを入れ、泡立て器で混ぜる。

③ フライパンに②を入れ弱火で熱し、塩ひとつまみを入れゴムベラで1分ほど素早くかき混ぜる。固まる直前にコンロから外し余熱で火を通し、ゆるいスクランブルエッグ状にする。

④ 器に③を盛り①のグリーンアスパラガスをのせ粉チーズとこしょうをふる。

ねぎをじっくり蒸すことで素材の甘さを
引き出した究極のご飯のお供

ねぎと鮭の蒸し焼き

材料（2人分）

塩鮭…2切れ

長ねぎ（太めのもの）…3本

味噌…大さじ2

酒…大さじ2

ここが
志麻ワザ！

味噌をねぎに混ぜて煮
ると焦げてしまうので、
鮭の片面に塗る

フライパンに長ねぎを敷
き詰め、その上に味噌
を塗った鮭をのせる。こ
れにより味噌を焦がさず
調理できる

作り方

① 長ねぎは1cm幅の斜め切りにし（青い部分も半
　分使用）、フライパンに入れる。

② 鮭はキッチンペーパーで水気を拭き取る。上面
　に味噌をたっぷり塗る。

③ ①に②の鮭をのせ酒を回しかける。フタをして
　弱火で10〜15分ほど蒸し焼きにする。水分が
　多ければフタを外し1分ほど水分を飛ばす。

④ 鮭に塗った味噌を長ねぎに移し混ぜ合わせる。

⑤ 鮭を取り出し、皮と骨を除いて粗くほぐし、④に
　戻してさっくり和える。

⑥ 器に盛り、ご飯と一緒にいただく。

野菜と鶏肉のうま味を凝縮したクリーミーなカレーソース

鶏肉のカレークリーム煮

材料（作りやすい分量）

鶏もも肉…1枚（約300ｇ）
鶏手羽先…6本
つけ合わせ野菜（好みのものでOK）
　　たけのこ（水煮）…5㎝
　　にんじん…1本
　　グリーンアスパラガス…4本
生クリーム（乳脂肪分42％）…50㎖
カレー粉…大さじ2
白ワイン…100㎖

温かいご飯…3杯分
にんにく…1片
くず野菜…適量（あれば）
　（長ねぎの青い部分、にんじんの皮、セロリの葉、
　　ザク切りにした皮つきにんにくなど）
タイム…4枝
ローリエ…1枚
塩・こしょう…適量
サラダ油…大さじ1

作り方

① 鶏肉はキッチンペーパーで水気を拭き取る。鶏もも肉は大きめのひと口大に切る。

② 鶏肉はしっかりめに塩（肉の重量の0.8％）・こしょうをし、カレー粉をもみ込んでから小麦粉（分量外）を薄くまぶす。

③ フライパンにサラダ油を中火で熱し、鶏肉を皮目から入れ両面に焼き色をつける。余分な脂はキッチンペーパーで拭き取る。

④ 白ワイン、水500㎖（分量外）、タイム、ローリエ、くず野菜、にんにくを入れフタをして弱火で30分ほど煮込む。フタを外しさらに中火で10分煮込む。
　→鶏手羽先の骨から身が離れるくらい
　　やわらかく煮たらフタを外す

⑤ つけ合わせの野菜はひと口大に切り、それぞれ好みの硬さに茹でる。

⑥ 鶏肉をボウルに入れ、煮汁をザルでこしながらかける。

⑦ フライパンに⑥の鶏肉と煮汁を中火で熱し、うま味をしっかり感じるまで煮詰める。生クリームを加えひと煮立ちしたら火を止める。

ここが 志麻ワザ！

煮汁を極限まで煮詰めてうま味を凝縮させる。スプーンなどで搾り取りくず野菜のうま味も搾り出すこと

⑧ 器にご飯を盛り、⑦の鶏肉をのせソースをかけ、つけ合わせの野菜をのせる。

あさりのうま味にレモンの酸味をプラス。
ふきの苦みが大人のフレンチ

ふきのヴィネグレットソース

材料（2人分）

ふき…5本（50g）　　　　レモン汁…½個分

あさり（砂抜き済み）…350g　塩…適量

白ワイン…50㎖　　　　　オリーブ油…大さじ3

作り方

① ふきはフライパンに入る長さに切る。塩をして手のひらで前後に転がしながら板ずりをしてから洗う。

② フライパンに湯を沸かし、ふきを入れ3分茹でる。冷水に取ってからザルに上げ粗熱が取れたらスジを剥く。
→端を包丁で2～3cm剥き下に引っ張ると簡単に剥ける

③ フライパンに②のふき、あさり、白ワイン、水50㎖（分量外）を入れ強火で熱し、フタをしてあさりの口が開くまで3分ほど弱火で蒸し煮にする。あさりとふきを取り出し、ふきは5cm幅に切る。

④ フライパンに残った煮汁を中火で熱し、水分がほとんどなくなるまで（大さじ1くらいまで）煮詰める。フライパンにこびりついたうま味もヘラでこそげ取る。

⑤ 火を止めたらレモン汁を入れ、オリーブ油を加えて混ぜソースにする。
→あさりの煮汁を煮詰めてうま味を凝縮させる

⑥ 器にふきを盛り、あさりをのせ⑤のソースをたっぷりかける。

味つけは塩ともずく酢だけ
お酢の効果でささみがまろやかに

ささみのもずくオクラソース

材料（作りやすい分量）

ささみ…3本（約150g）　もずく酢…1パック（60g）

オクラ…8本　　　　　　塩…小さじ1

作り方

① ささみはスジを取り3cm幅に切る。塩ひとつまみをよく揉み込み、耐熱皿に入れる。

② オクラは塩ひとつまみで板ずりをする。水で洗い1cm幅に切る。
→表面のうぶ毛と汚れを取ることで食感がよくなる

③ ①のささみの上に②のオクラをのせ、もずく酢をかける。

④ ふんわりとラップをかけ電子レンジに4分かける。

Part.6

サバンナ **高橋茂雄** さん

ハヤシライス
ローストチキン
タコとじゃがいもの
ヴィネグレットソース
洋風イカ飯
イワシのプロヴァンス風
イカといんげんのバーニャカウダ
ステーキのニラソース
サーモンの味のりバター
鶏肉の味のりソース
ねぎの炊き込みご飯
豚のクミン串焼き
オイルフォンデュ

リクエスト

別荘で友人たちに
ふるまう料理と
暑い夏を乗り切る
食欲倍増スタミナ料理
を教えて

REQUEST FROM SHIGEO TAKAHASHI

キャンプでみんなが喜ぶ肉料理と絶品ソース、
季節を感じられる炊き込みご飯やデザート、スタミナドリンクまで
盛り沢山の料理が並びました。

玉ねぎの食感も
めっちゃいい

時短手作りデミグラス風ソースで
長時間煮込んだような深みのある味に

ハヤシライス

材料（2人分）

牛切り落とし肉…150g	バター…20g
玉ねぎ…½個	小麦粉…大さじ1
マッシュルーム…8個	ホールトマト缶…1缶（400g）
くず野菜	コンソメ（固形）…1個

A
- 長ねぎ（青い部分）…1本分
- にんじん…1本分
- 玉ねぎ…½個
- セロリ（葉）…1本分

赤ワイン…50㎖
温かいご飯…茶碗4杯分
塩・こしょう…適量
サラダ油…大さじ1

作り方

ここが
志麻ワザ！

くず野菜を焦げるまで炒めることで短時間で本格的なうま味とコクを引き出すことができる

① デミグラス風ソースを作る。くず野菜の長ねぎの青い部分とセロリの葉は2cm幅に切る。玉ねぎは2cmの角切りに、にんじんは皮つきのまま1cm幅に切る。

② 鍋に①の野菜とサラダ油を入れ中火で熱し、野菜に焦げ目がつくまで20分ほど炒めたら小麦粉を入れ全体が茶色くなるまで炒める。

③ ホールトマト、水400㎖（分量外）を入れひと煮たちしたら、コンソメを入れる。弱火で30分ほど煮てザルで濾す。

肉が硬くならないように野菜とは別にサッと炒める

④ 牛肉はひと口大に切り、しっかりめに塩・こしょうをする。フライパンにサラダ油を強火で熱し、牛肉に焼き色がついたら③に入れる。

⑤ 玉ねぎは繊維を断ち切るように薄切りに、マッシュルームは2cm幅に切る。

⑥ 別のフライパンにバターを強火で熱し、⑤を入れ色づくまで炒める。赤ワインを入れアルコールを飛ばす。

⑦ ④を加え中火で3分ほど煮込み、塩・こしょうで味を調える。

⑧ 器に温かいご飯を盛り、⑦をかける。

野菜が全部
めっちゃ美味しくなってる

鶏のエキスをたっぷり吸った野菜がソースに。
丸鶏ではなく鶏もも肉でOK

ローストチキン

材料 (作りやすい分量)

鶏もも肉…2枚 (約700g)

A
{
なす…1本
トマト…2個
ズッキーニ (緑・黄)…各½本
かぶ…1個
パプリカ (赤・黄)…各½個
玉ねぎ…¼個
}

ハーブ

B
{
ローリエ…1枚
タイム…3枝
}

塩・こしょう…適量

オリーブ油…適量

作り方

① 鶏肉はキッチンペーパーで水分を拭き取る。身の方に塩 (肉の重量の1%)・こしょうをする。

② Aの野菜は2cmの角切りにし耐熱皿に入れ、Bのハーブをのせる。

③ 皮目を上にして①の鶏肉を野菜にかぶせるようにのせ、上にオリーブ油を回しかける。

④ 200度に予熱したオーブンで40分焼く。

ここが

志麻ワザ！

鶏もも肉でフタをすることで、野菜の蒸気で蒸し焼き状態になるので鶏がふっくら

叩くことでタコが驚くほどやわらか。
ワインのお供にどうぞ

タコとじゃがいもの ヴィネグレットソース

材料 (作りやすい分量)

真ダコ (足)…1本 (150g)
じゃがいも (メークイン)…2個
玉ねぎ…¼個分
トマト…1個
パセリ…適量
ドレッシング

	デジョンマスタード…大さじ1
	リンゴ酢…大さじ1
B	塩・こしょう…適量
	サラダ油…大さじ1
	オリーブ油…大さじ2

もう間違いないやん

作り方

① じゃがいもはラップで包みレンジに8分かける（4分たったら上下を返す）。粗熱を取って皮を剥き1.5cm幅に切る。

② まな板にタコを置きラップをのせる。上からビンの底で叩いてから1cm厚のそぎ切りにする。

③ 玉ねぎとパセリはみじん切りに、トマト1cm角に切る。

④ ボウルにBを混ぜ合わせドレッシングを作り、③を和える。

⑤ 器にじゃがいもとタコを交互に重ねて盛り、④をかける。

ビンの底で
叩く!!

叩くことで繊維を断ち切る。
タコがやわらかくなりドレッシングもよく絡む

彩り野菜とレモンのご飯が爽やか
白ワインと相性抜群です

洋風イカ飯

駅弁にしたら
絶対売れると思う

材料（作りやすい分量）

スルメイカ…2杯
パプリカ（赤・黄）…各¼個
きゅうり…½本
レモン汁…½個分
温かいご飯…茶碗1杯分（180g）

白ワイン…50㎖
タイム…3枝
レモン（くし切り）…⅙個分
塩・こしょう…適量
オリーブ油…大さじ1

ここが
志麻ワザ！

混ぜる野菜は食感を残
すように切る

作り方

① イカは内臓を取り除き、胴とゲソに分
　ける。

② 温かいご飯を水で洗いヌメリを取り、
　ザルに上げて水気を切る。

③ パプリカ、きゅうりは0.5cm角に切る。

④ ボウルに②と③を入れ塩・こしょうを
　し、レモン汁を入れて混ぜ合わせる。

⑤ イカの胴に④を詰める。口を爪楊枝
　で留め、塩・こしょうをする。

焼きすぎるとイカが硬
くなるのでサッと焦げ
目をつける程度でOK

⑥ フライパンでオリーブ油を強火で熱
　し、⑤のイカとゲソを入れ表面に焦げ
　目がつくまで焼いたら裏返す。

⑦ 白ワインとタイムを加え、フタをして
　弱火で4分ほど蒸し焼きにする。

⑧ 食べやすい大きさに切って器に盛り、
　レモンを添える。

ご飯を詰めたイカの口は爪楊枝で
しっかりと留める

イワシの身も
ふわっふわ

イワシとトマトの黄金の組み合わせ。
パン粉の具材が新食感

イワシのプロヴァンス風

材料（作りやすい分量）

イワシ（半身）…12枚（6尾分）
トマト…2個
ズッキーニ…½本
パプリカ（赤・黄）…各¼個
白ワイン…50㎖
A ┃ パン粉…大さじ4
　 ┃ オリーブ油…大さじ2
タイム…8枝
塩・こしょう…適量

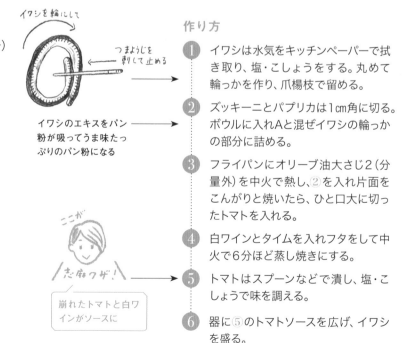

イワシを輪にして

つまようじを
刺して止める

イワシのエキスをパン
粉が吸ってうま味たっ
ぷりのパン粉になる

ここが
志麻ワザ！

崩れたトマトと白ワ
インがソースに

作り方

① イワシは水気をキッチンペーパーで拭
き取り、塩・こしょうをする。丸めて
輪っかを作り、爪楊枝で留める。

② ズッキーニとパプリカは1㎝角に切る。
ボウルに入れAと混ぜイワシの輪っか
の部分に詰める。

③ フライパンにオリーブ油大さじ2（分
量外）を中火で熱し、②を入れ片面を
こんがりと焼いたら、ひと口大に切っ
たトマトを入れる。

④ 白ワインとタイムを入れフタをして中
火で6分ほど蒸し焼きにする。

⑤ トマトはスプーンなどで潰し、塩・こ
しょうで味を調える。

⑥ 器に⑤のトマトソースを広げ、イワシ
を盛る。

にんにくを丸ごと使った絶品ソース。
残ったらパンにつけても◎

イカといんげんの
バーニャカウダ

イカがもう、
えらいことなってるわ

材料（作りやすい分量）

イカ（刺身用）…200g　　　　にんにく…1玉
いんげん…12本　　　　　　　アンチョビ…20g
じゃがいも（メークイン）…1個　オリーブ油…大さじ4
牛乳…100㎖

作り方

① イカは格子状に細かい切り込みを入れ、横1㎝幅に切る。

② いんげんはスジを取り半分に切る。じゃがいもは1㎝の拍子木切りにする。

③ 鍋に湯を沸かし、いんげんを入れ1分茹でる。じゃがいもとイカを入れ5分ほど茹でてザルに上げて水気を切る。

④ にんにくは半分に切る。鍋に水100㎖（分量外）とにんにく、牛乳を入れ中火で熱し、にんにくがやわらかくなるまで弱火で20分ほど煮る。
→牛乳で煮ることでにんにくがやわらかく優しい味になる

⑤ にんにくをまな板の上に取り出しスプーンで潰し、刻んだアンチョビと混ぜ合わせる。

⑥ フライパンにオリーブ油と⑤を入れ中火で熱し、2分ほど煮たら③を入れサッと炒め合わせる。

ベースは中華料理のソース。
レモンとミントの爽やかな香りが美味

ステーキのニラソース

全部の香りが立ってて

材料（2人分）

牛もも肉（ステーキ用）…180g

A｛　ニラ…5本
　　しょうが（薄切り）…2枚
　　レモン（皮）…¼個分
　　ミント…20枚

B｛　リンゴ酢…大さじ1
　　ナンプラー…小さじ1

塩・こしょう…適量
サラダ油…大さじ2

作り方

① 牛肉は室温に戻す。キッチンペーパーで水気を拭き取り塩・こしょうをする。

② フライパンにサラダ油大さじ1を強火で熱し、牛肉を入れ両面を3分ずつ焼く。アルミホイルに包み3〜4分休ませる。

③ ニラソースを作る。Aはみじん切りにしボウルに入れる。
ミントが多いと牛肉と合わないのでニラとミントは7:3の割合に

④ フライパンにサラダ油大さじ1を煙が出るまで熱し、③のボウルに入れる。サッと混ぜBを加えて混ぜ合わせる。

⑤ ②を食べやすい大きさ（1㎝幅くらい）に切って器に盛り、④のニラソースをかける。

うまっ!

フレンチの定番、エスカルゴバターを和風にアレンジ

サーモンの味のりバター

材料（2人分）

サーモン（刺身用サク）…200g
味のりバター
└ 味付けのり…4袋（12切／20枚）
└ バター…40g
└ わさび（チューブ）…3cm
└ 白すりごま…小さじ1
衣
└ 小麦粉…適量
└ 卵…1個
└ パン粉…適量
塩・こしょう…適量
サラダ油…大さじ3〜4

ここが
志麻ワザ!

味のりバターは冷凍
保存も可能。トース
トにもぴったり

作り方

① 味のりバターを作る。バターは室温に戻す。味付けのりは手でちぎり、水大さじ1（分量外）をかけてふやかしておく。

② ボウルに①と3cm幅に切ったバター、わさび、白ごまを入れる。スプーンでバターを練りながら全体をしっかり混ぜ合わせる。

③ サーモンは水気をキッチンペーパーで拭き取る。3cm幅に切り塩・こしょうをする。小麦粉、卵、パン粉の順に衣をつける。

④ フライパンにサラダ油を入れ中火で熱し、③を入れ片面5分ずつ揚げ焼きにする。

⑤ 器に④を盛り、味のりバターをつけていただく。

味のりと白ワインの酸味が肉汁にマッチ

鶏肉の味のりソース

材料（作りやすい分量）

鶏もも肉…1枚（約300g）　　塩・こしょう…適量
味付けのり…4袋（12切／20枚）　サラダ油…大さじ1
白ワイン…50㎖

作り方

① 鶏肉はキッチンペーパーで水気を拭き取りひと口大に
切る。両面にしっかりめに塩（肉の重量の0.8%）・こ
しょうをする。

② フライパンにサラダ油を中火で熱し、①を皮目から入
れ3分焼いたら裏返す。

③ 味付けのりを手でちぎって入れ、白ワインと水100㎖
（分量外）を入れフタをして弱火で5分ほど蒸し焼きに
する。
→水分が足りなかったら水少々を加え30秒ほど煮詰める

④ 鶏肉を取り出し、フライパンに残った味付けのりと肉汁
を煮詰める。

⑤ 器に鶏肉を盛り、④のソースをかける。

のりの美味しさ、すごいっすね！

ねぎが主役！とろとろで甘いねぎと
豚肉のコクがたまらない

ねぎの炊き込みご飯

ねぎの甘さを食べてるご飯

材料（2人分）

豚バラ肉…150g
長ねぎ（青い部分も使用）…3本
麺つゆ（3倍希釈）…大さじ4
米…2合

作り方

① 豚肉と長ねぎは2cm幅に切る。

② 炊飯器にといだ米と麺つゆを入れ、2合の目盛りまで
水を入れる。

③ 長ねぎ、豚肉の順にのせ、炊飯する。
→ねぎから水分が出るので保温せずに
当日食べるか、冷凍がおすすめ

志麻さん式キャンプ料理!

高橋さんがDIYでリノベーションした別荘の囲炉裏で披露した
志麻さん渾身のキャンプ飯。
キャンプで火をおこして作っても盛り上がること間違いなし。

玉ねぎで肉が驚くほどやわらかに。
スパイスをかけるだけで極上の味

豚のクミン串焼き

**お肉がむっちゃ
やわらかくなってます**

材料 (作りやすい分量)

豚肩ロース肉 (塊)…200g	クミンパウダー…大さじ1
玉ねぎ (すりおろし)…½個分	七味唐辛子…小さじ1
しいたけ…4個	塩・こしょう…適量

作り方

① 豚肉は4cm角のサイコロ状に切り塩・こしょうをする。しいたけは石づきを取り十字に4等分に切る。

② ボウルにすりおろした玉ねぎと、①の豚肉を入れよく揉み込み40分ほどマリネする。

③ 竹串にしいたけと②の豚肉を交互に刺し、クミンと七味唐辛子をふって網で焼く。

→スパイスをふることで肉がやわらかくなる

フランスの郷土料理。素揚げなので
余分な油を吸収せずカロリーも控えめ

オイルフォンデュ

材料 (作りやすい分量)

豚肩ロース肉 (塊)…250g	チリパウダー…適量
玉ねぎ (すりおろし)…½個分	塩…適量
にんにく…1玉	サラダ油…適量

作り方

① 豚肉は4cm角のサイコロ状に切る。

② にんにくは皮つきのまま横半分に切る。

③ ボウルにすりおろした玉ねぎと、①の豚肉を入れよく揉み込み40分ほどマリネする。

④ キッチンペーパーで③の肉の水分を拭き取り、塩とチリパウダーをふり、串に刺す。

⑤ スキレットにサラダ油を8分目まで入れ、②のにんにくを入れ弱火で熱し、6分ほど煮る。

⑥ 油がふつふつと沸いてきたら、④を入れ5分ほど煮る。

**あつあつで肉汁がブワ〜
出てきて味付けも最高!**

Part.7

とうもろこしのケークサレ
バスク風 生ハムチキン
鯛のノルマンディー風
ステックアッシェ
手羽先のカレー焼き
焼きとうもろこし
セルヴェル・ド・カニュ添え
豚バラと野菜のスープ
だしとレモン汁の冷しゃぶ
豆腐チキンラーメン
納豆卵だれ そうめん

リクエスト

夏の食材やそうめん、ラーメンを使った麺料理、激うま簡単アレンジ料理が知りたい

リクエストしたのは、
とうもろこし、しゃぶしゃぶなど夏にお馴染みの食材や料理。
また料理をしたくない日に志麻さんが作る「すっぴん飯」も登場しました。

ホットケーキミックスにまぜて焼くだけ。
生ハム & ルッコラと一緒にブランチに

とうもろこしのケークサレ

材料（20cm パウンド型1台）

とうもろこし…1本
ホットケーキミックス…180g
バター…50g
卵…2個
牛乳…50㎖
つけ合わせ
　生ハム・ルッコラ…各適量

作り方

① とうもろこしは皮をつけたままラップに包み、電子レンジに5分かける。粗熱が取れたら皮を剥いて実を包丁で削ぎ落とす。

② ボウルにバターを入れ湯煎にかけ溶かしバターにする。

③ ②に①と卵、牛乳を入れミキサーにかけピューレ状にする。

④ ③にホットケーキミックスを加えて混ぜ合わせる。

⑤ 側面と底にバター（分量外）を塗った型に④の生地を流し入れる。

⑥ 5回ほど台に叩きつけて空気を抜き200度に予熱したオーブンで30分焼く。

あつあつのまま型から取り出すとパサつくため休ませる。粗熱が取れたら切る →

⑦ 30分ほど休ませたら型から取り出し、食べやすい大きさに切る。

⑧ ⑦を器に盛り、ルッコラと生ハムを添える。

バスク地方の特産品。生ハムと唐辛子がポイント。
口の中に熟成されたうま味が広がる

バスク風 生ハムチキン

材料（作りやすい分量）

鶏もも肉…1枚（約250g）
生ハム…3枚

A ┌ 玉ねぎ…¼個
　├ パプリカ（赤・黄）…各¾個
　├ ピーマン…2個
　└ トマト…2個

七味唐辛子…適量
塩・こしょう…適量
オリーブ油…大さじ2

作り方

① 玉ねぎはみじん切りに、パプリカとピーマンは1.5cm角に、トマトはザク切りにする。

② 鶏肉はキッチンペーパーで水気を拭き取る。皮を剥がさないように手を入れ袋状にする（左下写真参照）。

③ 袋の内側に生ハムを広げながら入れる（左下写真参照）。

④ 鶏肉の両面にしっかりめに塩・こしょうをし、皮側に七味唐辛子をふる。

⑤ フライパンにオリーブ油大さじ1を中火で熱し、鶏肉を皮目を下にして入れる。皿、水を入れたボウルの順に肉の上にのせ重しをする。

⑥ 焼き色がついたら重しを取り裏返し、片面を1分焼き鶏肉を取り出す。

⑦ ⑥のフライパンにオリーブ油大さじ1と①の野菜を入れ弱火で熱し、塩ひとつまみを入れ炒める。

⑧ 野菜が汗をかいてきたら皮目を上にし⑥の鶏肉を入れる。水50㎖（分量外）を加えフタをして弱火で15〜20分ほど蒸し焼きにする。

⑨ 器に野菜を盛り、ひと口大に切った鶏肉をのせる。

生ハムは煮ると固くなるので肉と皮の間に挟む →

ここが

志麻ワザ！

重しをしてフラットにして焼くことで皮に均一に焼き色がついてパリッと焼ける

鶏から出た脂は臭みがあるのでキッチンペーパーで拭き取る →

②の工程では、皮を剥がさないように気をつけながら両手の親指を内側に入れ、ポケット状に広げる

③の工程では、皮の内側に広げた生ハムを重ねて並べていく

フランスのノルマンディー地方の郷土料理。魚介ソースにパスタを入れても

鯛のノルマンディー風

材料 (作りやすい分量)

真鯛 (刺身用サク)…200g
帆立貝柱 (刺身用)…100g
イカ (刺身用またはロールイカ)
　…100g
玉ねぎ…½個
にんじん…¼本 (50g)
セロリ…¼本
マッシュルーム…10個
生クリーム (乳脂肪分42%)…50㎖
トマトペースト…1本 (18g)
白ワイン…150㎖
タイム…1枝
ローリエ…1枚
オリーブ油…大さじ2
塩・こしょう…各適量

鯛のうま味が溶け込んだ蒸し焼きした野菜を搾り出すように濾し凝縮エキスにする

強火で炒め色をつけることでうま味を引き出す

作り方

① 鯛は3等分に切り両面に塩・こしょうをする。帆立は十字に4等分に切る。

② イカは格子状に斜めの切り込みを入れる。縦半分に切ってから横1㎝幅に切る。

③ 玉ねぎは薄切りに、にんじんは皮つきのまま薄切りに、セロリはピーラーで筋を取り薄切りにする。

④ フライパンにオリーブ油大さじ1を中火で熱し、③を炒める。トマトペーストを入れて炒め①の鯛を上にのせる。

⑤ 白ワイン、水100㎖ (分量外) を入れタイム、ローリエをのせる。フタをして弱火で煮る。

⑥ 鯛は10分ほどしたら⑤から取り出しアルミホイルに包む。タイムを取り出し、残った野菜はザルで濾しエキスを搾り出す。

⑦ 別のフライパンにオリーブ油大さじ1を強火で熱し、十字に4等分に切ったマッシュルームを色づくまで炒める。イカと帆立を入れ2分ほど炒める。

⑧ ⑥のエキスと生クリームを⑦に加え、とろみがつくまで煮詰める。

⑨ 鯛を器に盛り、⑧をかけタイムを飾る。

見た目はハンバーグ。つなぎは一切なしの
肉々しいフレンチ風ステーキ

ステック
アッシェ

材料（2人分）
牛もも肉（ステーキ用）…2枚（300g）
玉ねぎ…½個
A ┌ 白ワイン…150㎖
　├ しょうゆ…小さじ1
　└ 白ワインビネガー※…大さじ1
塩・こしょう…適量
サラダ油…大さじ2
※なければ酢で代用可。ただし量を少し減らす

作り方

① 牛肉は細かく切り、ミキサーにかけて
　粗いミンチ状にする。玉ねぎは0.5㎝
　厚のいちょう切りにする。

② ①の牛肉をボウルに入れて練る。4
　等分にして楕円に丸め、しっかりめに
　塩（肉の重量の0.8％）・こしょうをす
　る。

③ フライパンにサラダ油大さじ1を強火
　で熱し、②の両面を焼き色がつくまで
　焼く。アルミホイルで包み3分ほど休
　ませる。

④ ③のフライパンにサラダ油大さじ1を
　中火で熱し、①の玉ねぎをきつね色に
　なるまで炒める。
　→フライパンに残った肉のうま味を玉ねぎに
　　絡めながら炒める

⑤ ④にAと水150㎖（分量外）を入れる。
　ひと煮立ちしたら、③とアルミホイル
　に流れ出た肉汁を加え、フタをして弱
　火で5分ほど蒸し焼きにする。

⑥ 器に牛肉を盛り、⑤のソースをかけ、あ
　ればイタリアンパセリを散らす。

ご飯と薬味を鶏肉に詰めて焼くだけ。骨がないのでそのまま肉にかぶりついて

手羽先のカレー焼き

材料（作りやすい分量）

鶏手羽先…8本（約400g）

カレー粉…大さじ2

A {
らっきょう甘酢漬け（1cm角に切る）…8個
しょうが（みじん切り）…1片分
}

B {
プレーンヨーグルト…150ml
おろしにんにく…½片分
はちみつ…大さじ1と½
}

温かいご飯…どんぶり1杯分（250g）

トッピング

C {
紫玉ねぎ（薄切り）…適量
ミント（ザク切り）…適量
}

塩・こしょう…適量

手羽先の内側にご飯を入れる際は、スプーンの背で押し込むようにしてしっかりと詰める

作り方

① 鶏手羽先は骨の周りにある3ヵ所の腱をハサミで切る（イラスト参照）。肉をつかんでねじるように手で押し込んで関節をクルクル回し肉から骨を外す。

② ボウルにご飯とAを入れ混ぜ合わせ①の鶏手羽先に詰める。口を爪楊枝で留めフタをする（らっきょうの他に福神漬けやセロリなどパンチのあるものがおすすめ）。

③ ②の両面に塩・こしょうをし、カレー粉を全体にまぶす。

④ ボウルにBを入れ混ぜ合わせ、③の鶏肉に絡める。

⑤ オーブンシートを敷いた天板に④をのせ、200度に予熱したオーブンで30分焼く。焼き上がったら爪楊枝を外す。

⑥ 器に⑤を盛り、上にCを散らす。

ハーブたっぷりのチーズソースで
焼きとうもろこしがランクアップ

焼きとうもろこし
セルヴェル・ド・カニュ添え
（リヨンのクリームチーズ添え）

材料（作りやすい分量）

とうもろこし…2本
クリームチーズ
　…3個（54g）
おろしにんにく
　…¼片分

A　青ねぎ（みじん切り）
　　…大さじ2
　パセリ（みじん切り）…大さじ1
　ミント（みじん切り）…10枚分
　レモン汁…⅛個分
　塩・こしょう…適量

作り方

① とうもろこしは皮を剥き、根元で三つ編みに編む。

② オーブンシートを敷いた天板に①をのせ、オリーブ油
（分量外）を回しかけ、200度に予熱したオーブンで
30分焼く。

③ ボウルにクリームチーズとおろしにんにくを入れ混ぜる。

④ ③にAとレモン汁を加え、塩・こしょうをして混ぜ合わ
せる。

⑤ 器に②のとうもろこしを盛り、④を前面に塗り、こしょ
うをふる。

　→ソースは冷蔵庫で4、5日ほど保存可能

具材を入れてスイッチを押すだけ
あっさりとして優しい味

豚バラと野菜のスープ

材料（作りやすい分量）

豚バラ肉（塊）…200g
大根…250g
しいたけ…9個
パクチー…適量

A　オイスターソース
　　…大さじ1
　鶏がらスープの素（顆粒）
　　…大さじ1
　塩・こしょう…適量

作り方

① 豚肉は2㎝幅に切ってから3等分に切り、両面にしっ
かりめに塩（肉の重量の0.8%）・こしょうをする。

② 大根は2㎝幅に切り放射状に6等分に切る。しいたけ
は石づきを取り、十字に4等分に切る。

③ 炊飯器に豚肉と②の野菜、水800㎖（分量外）を入れ
る。Aを加え炊飯キーを押す。

④ 器に盛り、塩・こしょうで味を調え、パクチーを散らす。

※炊飯以外の調理ができない炊飯器もあります。
　ご家庭の製品をご確認ください。

肉にも野菜にも味が染み染み。だしとレモン汁でさっぱりいただく

だしとレモン汁の
冷しゃぶ

材料 (作りやすい分量)

豚ロース肉 (しゃぶしゃぶ用) …150g

なす…1本

パプリカ (赤・黄) …各¼個

ししとう…3本

だしパック…2袋

レモン汁…½個分

サラダ油…大さじ2

> 水は少なめにして濃いめにだしをとる。味噌汁の2、3倍の濃さを目安に。だしパックに塩分がない場合は塩を足す

ここが
志麻ワザ!

> 沸騰した湯だと一気に火が入り肉が縮み固くなる。やわらかく仕上げるために火を止める

作り方

① なすは1cm幅の輪切りに、パプリカは乱切りに、ししとうはヘタを取り包丁の先で切り込みを入れる。

② 鍋にだしパックと水500㎖ (分量外) を入れ強火で熱し、5分煮たらだしパックを取り出し、だしをボウルに移す。

③ フライパンにサラダ油を中火で熱し、なす、パプリカ、ししとうの順に入れ両面を揚げ焼きにする。

④ ③の野菜をできた順にボウルに入れる (油分がコクになるので油は切らずにだしの中に浸ける)。

⑤ 氷水を張ったひと回り大きいボウルに浸けて30分ほど冷やす。

⑥ 鍋に湯を沸かし、沸騰したら火を止め豚肉を入れる。

⑦ 豚肉の色が変わったら⑤に入れ、レモン汁を加える (だしのうま味にレモンの酸味を加える)。

⑧ 粗熱が取れたら器に盛り、だしをかける。

メインが豆腐のラーメンアレンジ。
簡単＆ヘルシーなのがうれしい

豆腐チキンラーメン

材料（4人分）

絹ごし豆腐…3パック（450g）
チキンラーメン…1袋
長ねぎ（小口切り）…½本分
ラー油…適量
こしょう…適量

作り方

① フライパンに豆腐を手で大きめにちぎって入れ、袋の中で砕いたチキンラーメンを上にのせる。

② 水200㎖（分量外）を入れ中火で3分煮る。
　→ラーメンを調味料として使うため麺に味がついているチキンラーメンを使用

③ 器に②を盛り、長ねぎをのせる。ラー油をかけ、こしょうをふる。

志麻さんのすっぴん飯。
手抜きなのに深みのある美味しさ

納豆卵だれ そうめん

材料（1人分）

納豆…1パック（40g）
卵…1個

A │ しょうゆ…小さじ1
　 │ 砂糖…小さじ½
青ねぎ（小口切り）…2本分
そうめん…1束（50g）

作り方

① 鍋に湯を沸かし、そうめんを1分茹でる。流水で洗いザルに上げて水気を切る。
　→茹でるときに菜箸を鍋の上にのせると吹きこぼれない

② 器にそうめんを盛り、青ねぎを上にのせる。

③ ボウルに納豆と卵、納豆のたれを入れて混ぜ、Aを加えてしっかりと混ぜる。

④ ③のたれをつけていただく。

志麻さんの**本格スイーツ**

特別な材料は必要ナシ！　普段から家にある材料を中心に
誰でも簡単に作れる本格スイーツを紹介します。

Request from
バナナマン

湯煎で焼くのでしっとりやわらか。フランスパンで作っても◎

パンプディング

うまい〜（設楽さん）

材料（2人分）

食パン（8枚切り）…2枚
卵液

A
卵…2個	バナナ…1本
牛乳…200㎖	バター…大さじ1
砂糖…大さじ2	ミント…適量

作り方

① ボウルにAを混ぜ合わせ、4等分に切った食パンを浸す。

② 耐熱容器に①を入れ、湯を張った天板にのせる。200度に
予熱したオーブンで30分焼く。
　→耐熱容器の下にふきんを敷き天板にのせる

③ バナナは半分に切ってから縦半分に切る。

④ フライパンにバターを中火で熱し、バターが溶けたら砂糖大
さじ1（分量外）を加え、バナナを片面2分ずつこんがりと焼
く。

⑤ 器に②を盛り、④のバナナを添えミントを飾る。

フランスのどこか懐かしいママンの味。
米を牛乳と砂糖で煮込んだライスプディング

リオレ

すんごい優しい（日村さん）

材料（作りやすい分量）

温かいご飯…1合分（約330g）　　砂糖…大さじ4
牛乳…850㎖　　　　　　　　　　ブルーベリージャム…適量

作り方

① 温かいご飯は水で洗いヌメリを取る。ザルに上げて水気を
切る。

② 鍋に①と砂糖、牛乳400㎖を入れ強火で熱し15分ほど弱
火で煮る。牛乳300㎖を入れ煮詰めたら火を止める。

③ 粗熱が取れたらボウルに移し冷蔵庫で2時間ほど冷やす。
牛乳150㎖を加えて混ぜる。牛乳の量は好みで調節する。

④ 器に③を盛り、ブルーベリージャムを中央にのせる。

材料3つでできる！
カスタードソースにメレンゲを浮かべたフレンチの定番デザート

イルフロタント

材料（作りやすい分量）

卵黄…2個分　　牛乳…200ml
卵白…2個分　　砂糖…大さじ4

プリンに味が近いんですけど、
食感が全然違います

作り方

① カスタードソースを作る。鍋に牛乳を入れ中火で熱し、沸騰直前に火を止める。

② ボウルに卵黄と砂糖大さじ1を入れる。白っぽくなるまで泡立て器で混ぜ、①の牛乳を入れる。

③ 小鍋に②を入れ弱火で熱し、とろみがつくまで3分ほど煮たら、氷水の入ったボウルに入れて冷やす。

④ メレンゲを作る。ボウルに卵白を入れ泡立てる。砂糖大さじ1を入れツノが立つまで泡立る。

⑤ クッキングシートにメレンゲをスプーンで落とし、電子レンジに1分かける。
　→触れてみて手に泡がつかなければOK

⑥ バットにのせ冷蔵庫に入れ30分ほど冷やす。

⑦ 小鍋に砂糖大さじ2と水20ml（分量外）を入れ熱し、カラメルソースを作る（作り方は下記参照）。

⑧ 器にカスタードソースを盛り、⑤のメレンゲをのせカラメルソースをかける。

みかんが絶品デザートに。アイスクリームを添えても

みかんのキャラメリゼ

材料（2人分）

みかん…2個
プレーンヨーグルト…200ml
バター…5g

グラニュー糖
…大さじ2
ミント…適量

作り方

① ヨーグルトは1時間ほど水切りしてからグラニュー糖を混ぜる。

② みかんは皮を剝き横半分に切る。

③ フライパンに砂糖大さじ2と水20ml（共に分量外）を入れ強火で熱し、キャラメル状になったらバターを入れ溶かす。

④ ②のみかんを入れ全体に③を絡める。

⑤ 器にキャラメリゼしたみかんと①を盛り、ミントを飾る。

カラメルソースの作り方

フライパンに砂糖と水を入れなじませる。強火で熱し、砂糖が溶けて大きな泡が出て茶色に色づいてきたら火から外し、小さじ1の水を加える。

サバンナ
高橋茂雄さん

みんな大好き！カスタードクリーム。
ディップスタイルで存分に楽しんで

カスタードクリーム スティックパイ添え

材料（作りやすい分量）

パイシート（19×20㎝）
　…1枚

カスタードクリーム

A {
卵黄…3個分
牛乳…250㎖
砂糖…50g
小麦粉…25g
}
グラニュー糖…適量

作り方

① 鍋に牛乳を入れて中火で熱し、沸騰直前で火を止める。

② ボウルに卵黄と砂糖を入れ、泡立て器で白っぽくなるまで空気を含ませながら混ぜる。

③ ②に小麦粉を入れ粉が見えなくなるまで混ぜる。①の牛乳を少しづつ入れしっかり混ぜる。
→牛乳が温かいうちに混ぜること。ダマにならないように少しずつ入れる

④ ③を鍋に入れ中火で熱し、泡立て器で混ぜながら沸騰させる。もったりとするまで混ぜたら火を止める。
→粉っけをなくすため沸騰させること

⑤ バットに移して粗熱を取り、ラップをして冷蔵庫で1時間半ほど冷やす。器は食べる10分前に冷凍庫に入れ冷やしておくとよい。

⑥ パイシートは室温に戻し解凍する。8等分に細長く切り、手に水をつけてパイシートに塗る。

⑦ グラニュー糖をふりかけ1枚ずつねじる。200度に予熱したオーブンで25〜30分焼く。

⑧ 器に⑤のカスタードクリームを入れ、⑦のスティックパイを添える。

汗をかいた後のエネルギー補給に。
自分の好きな甘さに調節して

特製エネルギードリンク

材料（作りやすい分量）

しょうが…20g　　　　はちみつ…100g
レモン（国産）…2個　　ミント…適量

作り方

① しょうがは薄切りにする。鍋にしょうがとはちみつを入れ弱火で熱し、6分ほど煮る。

② ボウルに輪切りにしたレモンと塩ひとつまみ（分量外）を入れ混ぜる。

③ グラスに①のしょうが、②のレモン、ミントの順に入れ、氷（分量外）を加え炭酸水（分量外）で割る。マドラーで混ぜていただく。

うわ〜うま〜
うまフィニティ〜

レモン果汁がたっぷり。
口当たりも軽やかな上品な味

レモンムース

材料（3人分）

マスカルポーネチーズ…100g　　　レモン汁…50㎖
生クリーム（乳脂肪分42%）…100㎖　　レモン（輪切り）…3枚
グラニュー糖…50g　　　　　　　　ミント…適量

作り方

① 生クリームは8分立て（泡立て器ですくうと先端がゆるやかに曲がる状態）にする。

② 別のボウルに、マスカルポーネ、グラニュー糖、レモン汁を入れ泡立て器で混ぜる。

③ ②に①を3回に分けて入れ、その都度ゴムベラでさっくりと混ぜ合わせる。

④ ③を保存容器などに入れ、上にレモンをのせラップをする。冷蔵庫で1時間ほど冷やし固める。器も冷やしておく。

⑤ 器にムースをスプーンですくって盛り、レモンとミントを飾る。
　→生クリームとマスカルポーネ「2」に対し、
　　砂糖とレモン汁は「1」の比率

凍らせたフルーツと水切りヨーグルトで作るヨーグルトソルベ

フルーツシャーベット

材料（作りやすい分量）

好みのフルーツ（トータルで150g）
　　パイナップル…¼個
　　シャインマスカット…8粒
　　ゴールデンキウイ…1個
プレーンヨーグルト…300㎖
砂糖…大さじ2〜3（お好みで）
ミント…適量（あれば）

作り方

① パイナップルとキウイはひと口大に切る。

② バットに①とシャインマスカットを並べ、ラップをして3時間ほど冷凍庫に入れ凍らせる。器を一緒に冷やしておくとよい。

③ ヨーグルトは1時間半ほど水切りし、砂糖を入れ混ぜる。
　→はちみつでもOK。冷たいスイーツは砂糖を多めにする

④ ②と③をミキサーにかけ均一に混ぜる。器に盛り、ミントを飾る。

STAFF

| 写真 | 校正 |
| 新居明子 | 鈴木初江、深澤晴彦 |

デザイン　協力
bitter design　UTUWA

構成・文　編集
熊谷有真　高木さおり(sand)

フードスタイリスト　編集統括
渡会順子　吉本光里(ワニブックス)

イラスト　編集協力
須山奈津希　飯田和弘、齋藤里子(日本テレビ)

DTP　出版プロデューサー
坂巻治子　将口真明、首藤由紀子、加宮貴博(日本テレビ)

「沸騰ワード10」TV STAFF

チーフプロデューサー
新井秀和

プロデューサー
中澤亜友

ディレクター
森谷 将

伝説の家政婦 沸騰ワード10レシピ 3

著　者　タサン志麻

2023年3月10日　初版発行

発行者　横内正昭
編集人　青柳有紀

発行所　株式会社ワニブックス
　　　　〒150-8482
　　　　東京都渋谷区恵比寿4-4-9　えびす大黒ビル
　　　　電話　03-5449-2711(代表)
　　　　　　　03-5449-2716(編集部)
　　　　ワニブックスHP　http://www.wani.co.jp/
　　　　WANI BOOKOUT http://www.wanibookout.com/

印刷所　株式会社美松堂
製本所　ナショナル製本